Bonjour !

MERCI DE FAIRE CONFIANCE.

ON SE RÉJOUIT DE PASSER QUELQUES HEURES AVEC VOUS.

SI VOUS BOSSEZ BIEN, VOUS ALLEZ VRAIMENT DEVENIR UN EXPERT MONDIAL DU GÂTEAU AU CHOCOLAT. FONCEZ, C'EST PASSIONNANT !

MOBILISONS-NOUS. VOYONS GRAND.
ET SI CET OUVRAGE RÉFÉRENCE SE RETROUVAIT DANS
TOUTES LES CUISINES DE FRANCE ET DE NAVARRE ? PASSEZ LE MOT ;) La vie est belle !

ATTENTION, CECI N'EST PAS UN SIMPLE LIVRE. C'EST UNE GRANDE AVENTURE, GOURMANDE, HUMAINE, SOURIANTE ET SOLIDAIRE.

VOS 10 € ONT ÉTÉ BIEN INVESTIS. NOS CHOUETTES DROITS D'AUTEUR SONT 100 % REVERSÉS À NOTRE ASSOCIATION COUP DE ♥ TOUT LE MONDE CONTRE LE CANCER ET LEUR PROJET INCROYABLE "TOQUES EN TRUCK".

LE CAMION QUI FAIT ÉTAPE DANS LES HÔPITAUX AUX 4 COINS DE LA FRANCE POUR PERMETTRE AUX ENFANTS MALADES ET À LEUR FAMILLE DE SE RETROUVER ENSEMBLE, DANS UNE AMBIANCE GOURMANDE ET EN COMPAGNIE DE GRANDS CHEFS ÉTOILÉS ET DE PASSIONNÉS DE CUISINE.

Michel, Augustin et la tribu

NOUS EXISTONS POUR DE VRAI ;)

nous avons vraiment concocté et testé **52 recettes** (plusieurs fois)

et tout le monde y a mis sa patte !

Fanny apprend à ouvrir une cocotte minute... Tout un art !

Michel subit l'épreuve terrible du démoulage raté. Découvrez pourquoi p. 37 !

Pauline calcule son thermostat + d'infos p. 75 !

les pâtissiers

les goûteurs

Les trublions se relaient pour donner leur avis

les créateurs

Toute première planche d'illustrations !

L'EXPERT GÂTEAU CHOCOLAT

Quelle couverture pour notre prochain livre

| 1 | 2 |

Sondage officiel sur les réseaux

Même VOUS ;)

Merci ! 💙

Grand shooting de la couverture

Michel et Augustin
les trublions du goût

Devenez **L'EXPERT** mondial
du **GÂTEAU** au
CHOCOLAT ♡

la 1ʳᵉ référence officielle sur Terre

FONDANT ∗ MOUSSEUX ∗ CROQUANT ∗ MOELLEUX

♡ avec nous ;)

CONCOCTÉ AVEC ♥ À LA BANANERAIE

MARABOUT

LE POURQUOI

... de notre belle aventure

LA PÂTISSERIE !
7 j/7, qu'il pleuve des vaches ou qu'il tombe des bananiers.

TOUT A COMMENCÉ IL Y A + DE 10 ANS...

La butte Montmartre

La petite cuisine d'Augustin

2004

L'équilibre entre la texture et le goût est parfait !

Nos 1ers sablés ronds et bons

LE SCHMILBLICK A BIEN AVANCÉ DEPUIS :

110 TRUBLIONS
en tablier orange

2 BANANERAIES
PARIS NYC

2 LIVRES*
supersoniques !

PASSEZ VOTRE CAP PÂTISSIER

le livre*

* Avec celui-ci, ça fait 3 ;)

NOTRE RÊVE ?

Faire rayonner
LE SAVOIR-FAIRE PÂTISSIER FRANÇAIS
sur toute la planète !

en concoctant des recettes simples et gourmandes à base d'ingrédients de GRANDE qualité.

AUJOURD'HUI, C'EST TOUTE LA TRIBU QUI SE FORME AU CAP PÂTISSIER !

Christophe, trublion tout-terrain à Lille

Guillaume, GRAND patron des cookies pour nos enseignes préférées

Carole, plume de la tribu

Alina, bras droit de la patronne de l'export

Estelle, gardienne des clés du coffre-fort et diplômée du CAP pâtissier – promo 2016 !

60 TOQUÉS
ou en devenir !

NOTRE AVENTURE ?

Gourmande ET humaine. Nous sommes une étrange tribu, de femmes et d'hommes, tous trublions, tous passionnés du goût et de la vie, sensibles à de nombreuses causes, convaincus que

L'IMPOSSIBLE EST POSSIBLE !

et avec une envie ÉNORME de partager notre amour de l'Entrepreneuriat au sens large.

OSONS ! RÊVONS ! CRÉONS !

NOTRE CONVICTION ?

"N'attendons pas pour agir."

Et souvenons-nous qu'on ne choisit pas toujours tout dans la vie, mais on choisit la façon dont on le vit ;)♥

♥ à méditer !

DU COMMENT...

... de ce livre incroyable !

"Le chocolat c'est la vie", 2e devise des trublions ♥. C'est l'ingrédient préféré de la tribu ! On concocte PLEIN de recettes à base de chocolat : l'incroyable mousse au chocolat, les cookies cœur fondant, les cookies aux chocolats d'exception, les petits carrés à la queue leu leu, le fondant... AH, le fondant. Tout part de là. En 2016, nous sortons notre TOUTE 1re gamme de desserts pâtissiers à dénicher au rayon frais. À l'honneur, entre autres ? Un incroyable fondant au chocolat et un moelleux. 1er débat existentiel : quelle VRAIE différence ? Un moelleux peut-il être fondant ? Et l'inverse ? Quelle est LA meilleure recette ? Quel impact au niveau des ingrédients ? de la cuisson ? En tentant de trouver les réponses les + scientifiques possible dans la petite bibliothèque de la Bananeraie, la tribu tombe nez à nez de vache avec cette petite merveille...

Le Gâteau au chocolat : les 15 recettes authentiques, tout ce qu'il faut savoir pour les réussir - écrit par Victoire Paluel-Marmont

Victoire, c'est la femme d'Augustin, cofondateur de notre drôle d'aventure.

Quand on prononce les mots magiques **gâteau au chocolat**, chacun imagine un gâteau, avec une texture, une forme, un goût précis. Bien souvent pourtant, lorsqu'on se lance dans une recette, rempli d'espoir de retrouver la texture magique du gâteau de sa grand-mère, on ne sait pas réellement à quoi s'attendre. C'est la surprise. Sera-t-il sucré ? amer ? intense ? Et son aspect ? Sa texture ? Est-ce que ça sera un « vrai fondant », ou plutôt un coulant, un moelleux ? Le livre de Victoire, tombé dans l'oubli, est une véritable pépite sur les techniques et les textures du gâteau au chocolat. En le feuilletant, on a immédiatement brûlé d'envie de dévorer toutes les explications, de les compléter, les réécrire, de dénicher de nouvelles recettes et surtout, surtout, de les partager avec toute la planète ! Tout s'est passé très vite. En 10 jours, on officialise ce projet un peu fou. Et nous voilà !

En quelques pages, vous allez devenir l'EXPERT du gâteau au chocolat, le pro de la texture, l'ayatollah du goût. En 1 clin d'œil vous serez sûr et certain du résultat de ce que vous allez concocter, parole de trublion.

Prêts à (re)découvrir
le gâteau au chocolat
avec nous ?

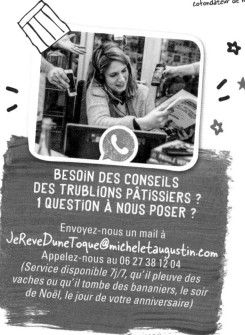

BESOIN DES CONSEILS DES TRUBLIONS PÂTISSIERS ? 1 QUESTION À NOUS POSER ?

Envoyez-nous un mail à JeReveDuneToque@micheletaugustin.com
Appelez-nous au 06 27 38 12 04
(Service disponible 7j/7, qu'il pleuve des vaches ou qu'il tombe des bananiers, le soir de Noël, le jour de votre anniversaire)

la 1re ? "Toquez et bavardons." Passez une tête à la Bananeraie pour nous dire bonjour !

Margaux   Maela   Victoire

Augustin   Aurélie   Michel   Diplômés du CAP pâtissier ou en devenir

Michel, Augustin et la tribu

beurre

chocolat

farine

sucre

œuf

↰

Comparez les recettes
en I clin d'œil !

4 UNiVERS

Le gâteau au chocolat **MOELLEUX** Le gâteau au chocolat **FONDANT** Le gâteau au chocolat **CROQUANT** Le gâteau au chocolat **MOUSSEUX**

et 25 recettes !

Temps nécessaire entre le
moment où vous vous
lancez dans la recette et celui
où vous pouvez déguster votre gâteau,
à quelques minutes près, tout dépend de votre patience ;)

Le gâteau au chocolat
MOELLEUX

Texture aérée, onctueuse, un peu comme une éponge

Le gâteau au chocolat FONDANT

Texture dense et très tendre qui fond en bouche !

Vous êtes beaux !

Michel, Augustin et la tribu vous aiment

chocolat

fondan

croquan

Le gâteau au chocolat
CROQUANT

Texture pleine de surprises avec des inclusions ou des pépites !

Le gâteau au chocolat
MOUSSEUX

Texture aérienne et légère, avec des blancs d'œufs montés en neige

✩ Tout pour **BRILLER** au Trivial Pursuit® et dans la vie ;)

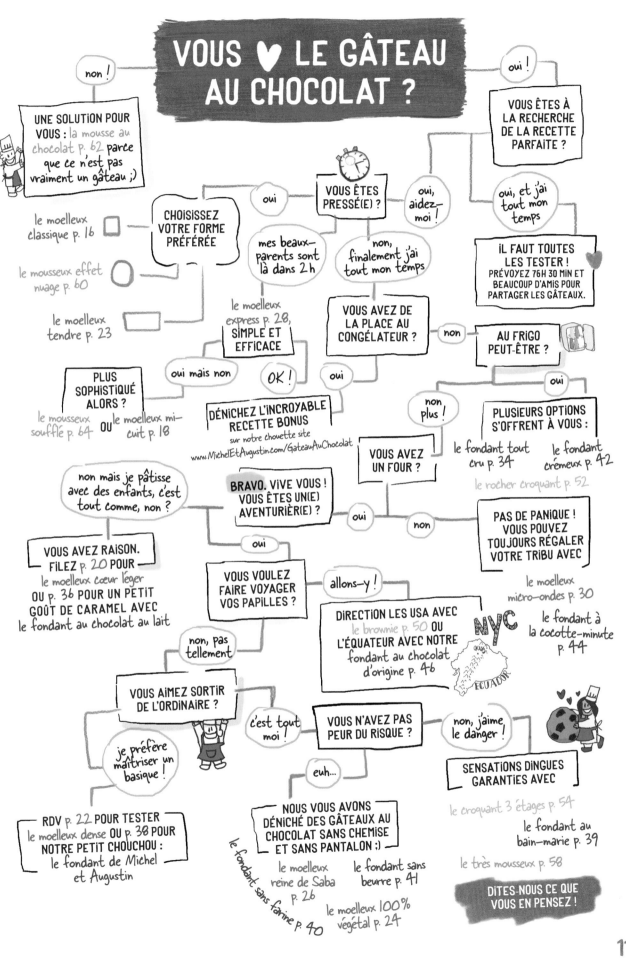

VOUS ♥ LE GÂTEAU AU CHOCOLAT ?

non !

UNE SOLUTION POUR VOUS : la mousse au chocolat p. 62 parce que ce n'est pas vraiment un gâteau ;)

oui !

VOUS ÊTES À LA RECHERCHE DE LA RECETTE PARFAITE ?

oui

VOUS ÊTES PRESSÉ(E) ?

oui, aidez-moi !

oui, et j'ai tout mon temps

CHOISISSEZ VOTRE FORME PRÉFÉRÉE

le moelleux classique p. 16

le mousseux effet nuage p. 60

le moelleux tendre p. 23

mes beaux-parents sont là dans 2 h

le moelleux express p. 28, SIMPLE ET EFFICACE

non, finalement j'ai tout mon temps

IL FAUT TOUTES LES TESTER ! PRÉVOYEZ 76H 30 MIN ET BEAUCOUP D'AMIS POUR PARTAGER LES GÂTEAUX.

VOUS AVEZ DE LA PLACE AU CONGÉLATEUR ?

non

AU FRIGO PEUT-ÊTRE ?

oui mais non

OK !

oui

PLUS SOPHISTIQUÉ ALORS ?

le mousseux soufflé p. 64   **OU**   le moelleux mi-cuit p. 18

DÉNICHEZ L'INCROYABLE RECETTE BONUS sur notre chouette site www.MichelEtAugustin.com/GateauAuChocolat

non plus !

oui

VOUS AVEZ UN FOUR ?

PLUSIEURS OPTIONS S'OFFRENT À VOUS :

le fondant tout cru p. 34

le fondant crémeux p. 42

le rocher croquant p. 52

non mais je pâtisse avec des enfants, c'est tout comme, non ?

BRAVO. VIVE VOUS ! VOUS ÊTES UN(E) AVENTURIÈR(E) ?

oui

non

PAS DE PANIQUE ! VOUS POUVEZ TOUJOURS RÉGALER VOTRE TRIBU AVEC

VOUS AVEZ RAISON. FILEZ p. 20 POUR le moelleux cœur léger OU p. 36 POUR UN PETIT GOÛT DE CARAMEL AVEC le fondant au chocolat au lait

oui

VOUS VOULEZ FAIRE VOYAGER VOS PAPILLES ?

allons-y !

DIRECTION LES USA AVEC le brownie p. 50 OU L'ÉQUATEUR AVEC NOTRE fondant au chocolat d'origine p. 46

NYC

ECUADOR

le moelleux micro-ondes p. 30

le fondant à la cocotte-minute p. 44

non, pas tellement

VOUS AIMEZ SORTIR DE L'ORDINAIRE ?

je préfère maîtriser un basique !

c'est tout moi !

VOUS N'AVEZ PAS PEUR DU RISQUE ?

non, j'aime le danger !

SENSATIONS DINGUES GARANTIES AVEC

euh...

le croquant 3 étages p. 54

le fondant au bain-marie p. 39

RDV p. 22 POUR TESTER le moelleux dense OU p. 38 POUR NOTRE PETIT CHOUCHOU : le fondant de Michel et Augustin

NOUS VOUS AVONS DÉNICHÉ DES GÂTEAUX AU CHOCOLAT SANS CHEMISE ET SANS PANTALON ;)

le fondant sans farine p. 40

le moelleux reine de Saba p. 26

le fondant sans beurre p. 41

le moelleux 100% végétal p. 24

le très mousseux p. 58

DITES-NOUS CE QUE VOUS EN PENSEZ !

AVANT DE VOUS LANCER

Le mode d'emploi supersonique

1. Lisez de A à Z la recette que vous voulez concocter ;)

2. Commencez par vérifier que vous avez bien TOUS les ingrédients nécessaires. Ils jouent tous un rôle clé : si vous décidez d'en supprimer un ou de le remplacer par l'ingrédient secret de votre grand-mère, le résultat ne sera pas le même.

3. Pour le moule c'est pareil. Vous n'avez pas le format indiqué ? Sonnez chez votre voisin ou glissez-le sur votre prochaine liste de courses ;)

4. Jetez également un œil en haut à gauche de chaque recette :

nombre de gourmand(e)s

temps de préparation

temps de cuisson

Zzzz
temps de repos

5. Vous tombez nez à nez avec un de ces dessins ?

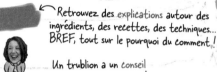

Retrouvez des explications autour des ingrédients, des recettes, des techniques... BREF, tout sur le pourquoi du comment !

Un trublion a un conseil indispensable pour vous !

Un trublion a fait une erreur. Profitez-en, ne faites pas comme lui ;)

Cherchez la définition supersonique de ce mot très TRèS technique dans le lexique officiel, p. 77

★ Révisez vos classiques !

FAIRE FONDRE LE CHOCOLAT

La tribu approuve la méthode du bain-marie. Faites chauffer de l'eau à mi-hauteur dans une casserole de taille moyenne. En parallèle, cassez votre chocolat en carreaux pour qu'il puisse fondre plus vite et ainsi nécessiter par la suite une température de cuisson moins haute.
Petite astuce : vous pouvez le hacher finement (ça prend du temps) ou le broyer au robot (votre chocolat doit être bien froid et dur, car le frottement des lames le fait fondre). **Vous êtes prêt(e)** ? Déposez votre chocolat en morceaux dans un cul-de-poule, qui devra (quand on vous le dira) être posé sur la casserole, sans toucher l'eau. N'hésitez pas à

faire des tests en amont ;) Une fois l'eau à ébullition, retirez la casserole du feu. Posez votre cul-de-poule dessus et laissez fondre délicatement votre chocolat. Jetez-y un œil toutes les 2 min et remuez, sans incorporer d'air, avec une spatule Exoglass ou une cuillère (surtout pas de fouet).
Autre technique, pour les très TRèS pressés : le micro-ondes. Astuce : Ne mettez pas la puissance maximale et jetez un œil régulièrement pour éviter de brûler votre chocolat.

TRAVAILLER LE BEURRE

Un beurre pommade doit avoir exactement la même texture que votre crème de jour préférée : ni trop dure, ni trop liquide. Pensez donc à le sortir du réfrigérateur 1 à 2h avant de pâtisser. Déposez le beurre en

pommade

morceaux dans un récipient (qui peut se glisser au micro-ondes) et, avec une spatule, écrasez le beurre.
Vous obtenez la texture d'une pommade ? Parfait ! Sinon, direction le micro-ondes. Diminuez la puissance de moitié, et lancez 30 sec. Jetez un œil, travaillez le beurre avec la spatule, et renouvelez cette étape si nécessaire.

Un beurre fondu doit être parfaitement liquide, sans aucun grumeau. Déposez le beurre en morceaux dans un récipient (qui peut se glisser au micro-ondes). Laissez la température maximale et faites chauffer pendant 30 sec. Votre beurre est fondu ? À vous de jouer. Sinon renouvelez cette étape et gardez toujours un œil sur le micro-ondes ;)

fondu

MONTER LES BLANCS EN NEIGE

3 techniques possibles : à la main (la tribu vous admire), au fouet électrique, au robot pâtissier. Les trublions utilisent le robot mais les conseils s'appliquent quelle que soit la méthode.

↳ Pauline se lance pour le montage à la main !

1. Mieux vaut utiliser des œufs pondus depuis plusieurs jours que des œufs extra-frais. L'idéal est même de les clarifier♥ la veille et de garder les blancs 24 h dans un bol pour qu'ils absorbent plus d'air. (N'oubliez pas de le recouvrir de film alimentaire). Les blancs seront plus légers, plus lisses et onctueux. 5 min avant de les fouetter, laissez les blancs à température ambiante.

2. Attention à bien séparer les jaunes des blancs. Pas de panique, une petite goutte de jaune dans un grand volume de blancs ne les empêchera pas de monter en neige. En revanche il faudra peut-être battre plus longtemps et à plus grande vitesse. Vous allez vous en sortir ;)

3. Lors du battage, les bulles introduites viendront diviser celles qui sont déjà présentes. Concrètement, les mousses longuement fouettées, composées de petites bulles, sont plus stables que les mousses fouettées moins longtemps. Faites le test ;) Augmentez progressivement la puissance du robot (amateurs du batteur électrique, fouettez d'abord les blancs à la fourchette pour qu'ils moussent un peu).Le fait de partir d'une petite vitesse et de l'augmenter progressivement permet d'obtenir des bulles d'air plus nombreuses, plus petites et plus stables. Attention, si les bulles ne sont pas assez fines et stables, elles éclateront à la cuisson. Vous êtes prévenu(e) !

D'abord mousseux...

... puis lisses !

Une astuce ? L'ajout de sucre ;) Il attire l'eau des blancs et aide à la retenir dans la mousse, l'empêchant de s'écouler dans le fond du bol (vive la gravité). La mousse reste donc stable, souple et humide. MAGIQUE ! Il évite aussi le grainage, tout comme le permettent quelques gouttes de jus de citron. Pssst, entre nous, ajouter du sel ne change pas grand-chose à la tenue des œufs ;)

4. Surtout, ne battez pas vos œufs trop longtemps, ils risqueraient de grainer (ou trancher). Quand ils sont bien montés, avec une texture lisse, arrêtez le robot. Normalement une boule de blancs en neige se forme à l'intérieur du fouet. Faites faire le poirier à votre récipient. Ils ne bougent pas ? Bien joué, ils sont prêts. Sinon, relancez le robot quelques minutes.

5. Maintenant à vous de jouer. Incorporez vos blancs montés à la préparation (et non l'inverse), toujours avec un geste délicat, petite quantité par petite quantité. Mélangez soigneusement avec une grande spatule, de haut en bas, en soulevant la préparation au fond du bol et en l'amenant par-dessus les blancs, sans les écraser. Soufflez. Prenez le temps.

ÉVITER LES GRUMEAUX

1re règle à toujours avoir en tête, qu'il pleuve des vaches ou neige des bananiers : TA-MI-SEZ votre farine. Pensez aussi à préparer d'un côté les matières sèches (farine, cacao, levure…) et de l'autre les liquides (beurre fondu, eau, chocolat fondu, œufs…). Leur rencontre doit se faire progressivement, avec amour, patience et détermination, surtout si l'appareil liquide est trop important par rapport aux matières sèches. Pas de panique, vous allez y arriver ;)

ENFOURNER

Les recettes du livre ont été réalisées dans un four à chaleur tournante. Pour un four à convection ? Augmentez la température de 10°C OU le temps de cuisson de 5 min ;)

FARINER LE MOULE

Commencez par beurrer le moule uniformément, à l'aide d'un pinceau par exemple. Ajoutez un peu de farine dans le moule et faites-le pivoter de sorte à répartir la farine sur toutes les parois et qu'elle recouvre complètement le beurre. Respirez, tout va bien. Retirez enfin l'excédent de farine en retournant le moule sur votre plan de travail.

1. Respectez scrupuleusement les proportions, les étapes de réalisation, les moules, températures et temps de cuisson indiqués.
2. Armez-vous de patience. Prenez le temps. Ne vous précipitez pas. Ouvrir le four 15 fois pendant la cuisson n'accélérera pas celle-ci, au contraire ;)
3. Croyez en vous !

Voilà. Vous êtes prêt(e).
3, 2, 1... pâtissez !

Les 3 secrets de la tribu
pour réussir vos gâteaux

Vous êtes beaux !

Michel, Augustin et la tribu vous aiment

chocolat

fondant

croquant

directrice du cabinet de la
Présidence de la Bananeraie
3.0, diplômée du CAP
pâtissier – promo 2015

Emilie

classique p. 16

façon cake dense p. 22

p. 24

le 100% végé

mi-cuit p. 18

Les trublions du goût, c'est nous !

14.

Estelle

gardienne des clés du coffre-fort, diplômée du CAP pâtissier – promo 2016

express p. 28

micro-ondes p. 30

Michel et Augustin
les trublions du goût

Le gâteau au chocolat
MOELLEUX

p. 26

façon cake tendre p. 23

la reine de saba

le cœur léger

p. 20

15.

😊 6 🥄 20 min 💧 20 min Zᶻᶻᶻ 10 min ▱ 20 cm

1. le gâteau au chocolat moelleux
CLASSIQUE

 200 g
de chocolat noir
70 % de cacao

 125 g
de beurre

 4 œufs

 180 g
de sucre

 30 g
de farine

0. Préchauffez votre four à 180 °C.

1. Commencez par faire fondre au bain-marie votre chocolat coupé en morceaux.

2. En dehors du bain-marie, ajoutez votre beurre pommade♥. Mélangez bien.

3. Clarifiez♥ vos œufs. Et avec le sourire. Ajoutez un à un les jaunes d'œufs au mélange beurre + chocolat. Mélangez pour obtenir une préparation homogène.

4. Assemblez ensuite vos matières sèches (farine + sucre) et ajoutez-les à votre préparation.

5. Montez vos blancs en neige. Besoin d'un coup de pouce ? Jetez un œil p. 13.

Pause pour prendre une GRAAAAAAANDE inspiration, et expirer profondément. 3 x d'affilée. On se sent mieux, pas vrai ? ;)

6. Vos blancs sont montés ? Incorporez-les DÉLICATEMENT à la préparation avec une maryse. Ils ne doivent pas se casser.

7. Beurrez et farinez votre moule carré. Versez-y votre préparation et hop ! 20 min au four à 180 °C. Gardez toujours un œil sur votre four. ATTENTION, vérifiez la cuisson à la sortie, votre gâteau doit rester moelleux. Il vous paraît juste cuit ? C'est normal. Laissez-le 10 min dans le four éteint.

bon, tout simplement ;)

LES CONSEILS
d'Estelle

* Quand vous le sortez du four, déposez un couvercle sur le moule et laissez reposer ainsi. Vous verrez, le démoulage sera un jeu d'enfant quand il sera tiède ;)

* Psssst, entre nous, il est encore meilleur le lendemain <3

Gardienne des c
du coffre-fort
diplômée du C
pâtissier – promo

Le gâteau au chocolat
MOELLEUX

lisse

étape à risque : votre chocolat ne doit pas être trop chaud !

plus du tout lisse ;)

Avez-vous bien pensé à beurrer et fariner votre moule ?

comme Julie, notre incroyable chef des évènements, soyez fier(e) de vos réussites, petites ou grandes ;)

POURQUOI NE FAUT-IL PAS OUVRIR LA PORTE DU FOUR PENDANT LA CUISSON ?

Si vous ouvrez la porte du four pendant la cuisson, vous laissez la chaleur s'échapper. C'est mal ;) Le four ne sera plus à température optimale et le rendu final de votre gâteau peut être impacté.

Ce n'est pas tout ! Pendant la cuisson et sous l'action de la chaleur, les bulles d'air se dilatent - ce qui permet au gâteau de prendre du volume - et sont enfermées dans un réseau de protéines d'œufs pas encore totalement coagulées. Autrement dit, la texture n'est pas définitive, et n'est pas encore rigide. Tout peut basculer ;) En ouvrant la porte du four, avec le contraste de température, le gâteau risque de dégonfler rapidement.

Et en poursuivant la cuisson ? Le blanc d'œuf se solidifiera avant que les bulles d'air n'aient eu le temps de regonfler. Dommage ;) Le gâteau n'aura pas exactement la texture et le volume souhaités, surtout pour les gâteaux mousseux.

pendant la cuisson

réseau de protéines non figé

bulles d'air enfermées

si on ouvre la porte du four

les bulles d'air diminuent, le réseau s'affaisse

quand on n'ouvre pas la porte du four

réseau de protéines figé !

Le gâteau au chocolat
MOELLEUX

6   🥄 25 min   🍫 10 min   ⬭ 6 cercles à entremets Ø 8 cm   📄 papier sulfurisé

2. le gâteau moelleux au chocolat
MI-CUIT

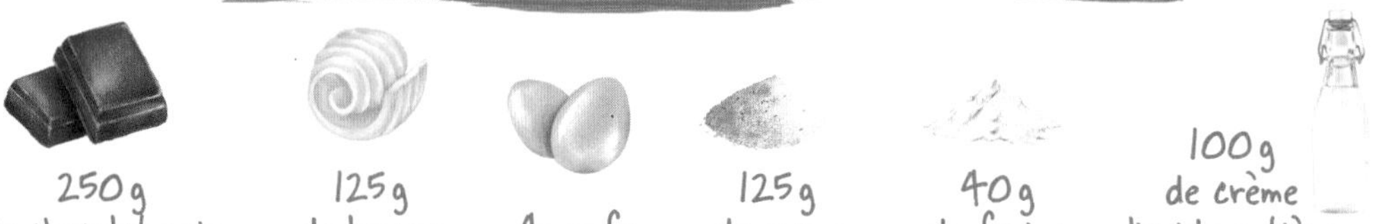

250 g
de chocolat noir
70 % de cacao

125 g
de beurre

4 œufs

125 g
de sucre

40 g
de farine

100 g
de crème
liquide entière

ATTENTION, le mi-cuit
est très TRÈS fragile.

Une carapace **croustillante**, un cœur en **éruption**, plongez la cuillère la première dans cet incroyable gâteau mi-cuit, **coulant** à cœur. 2 techniques très très officielles pour l'obtenir : une cuisson abrégée pour laisser le gâteau mi-cuit, avec un cœur très humide, OU l'ajout d'une seconde préparation délicieuse qui reste liquide à température ambiante. Instant culture : il a été imaginé un après-midi glacial de l'hiver 1981 par **Michel Bras,** dans son restaurant à Laguiole.

Double texture
et effet de surprise

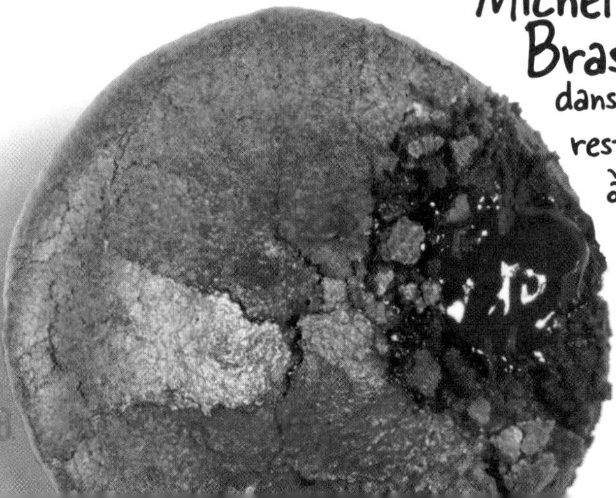

La crème liquide entière
et le beurre créent
un cœur très souple.

16

Préparez toutes vos bandes !

0. Préparez vos 6 cercles à entremets : beurrez une plaque et placez une bande de papier sulfurisé à l'intérieur de chaque cercle individuel. Veillez à bien faire dépasser le papier sulfurisé, il sera plus facile à retirer ;)

1. Faites fondre le chocolat, ajoutez le beurre en morceaux et remettez à fondre quelques instants. Mélangez bien pour que la préparation devienne homogène. Mettez de côté.

2. Préchauffez le four à 180 °C.

3. Mélangez les œufs et le sucre énergiquement. Battez jusqu'à ce que le mélange blanchisse. Ne lâchez rien ;)

4. Ajoutez la farine tamisée et continuez de battre jusqu'à ce que la farine ait totalement disparu.

5. Ajoutez ensuite la crème liquide en filet.

6. Incorporez le beurre et le chocolat fondus jusqu'à obtenir une pâte bien lisse.

Vous êtes magnifique, votre pâte aussi ;)

7. Remplissez les moules de pâte au chocolat, enfournez pour 10 min à 180 °C. Les gâteaux doivent avoir le cœur tremblant lorsqu'on agite la plaque du four. *La cuisson se joue à la minute près !*

8. Ôtez le papier sulfurisé de chaque cercle puis retirez le cercle avec beaucoup de délicatesse. Pour déposer vos mi-cuits bien tièdes sur des assiettes individuelles, manipulez-les avec une grande spatule ! Servez-les aussitôt.

← *Moins le gâteau est cuit, plus sa paroi est fragile et risque de se casser.* →

Elody joue avec le feu ;) Test de bloblotage réussi !

LES CONSEILS d'Elody

✳ Pour faire vos mi-cuits à l'avance, 2 solutions :
1. Conserver la pâte crue au réfrigérateur et les faire cuire au dernier moment.
2. Faire cuire les mi-cuits à l'avance, puis les passer 1 min au micro-ondes avant de les servir. Le cœur sera alors à nouveau coulant.

✳ Les puristes des coulants introduisent au centre du gâteau une autre texture, différente, généralement constituée de chocolat et de beurre. Notre astuce facile : introduisez dans le cœur du gâteau un carré de chocolat... au lait ou blanc !

BRAVO, VIVE VOUS !

Durée de vie moyenne dans notre tribu : 17 sec ;)

Grande manitou de nos meubles et diplômée du CAP pâtissier – promo 2016 !

Après cuisson, le cœur n'est pratiquement pas cuit, il est donc coulant à l'intérieur. En refroidissent, le cœur se durcit. Dévorez-le vite !

PEUT-ON REMPLACER LA FARINE ?

Pour obtenir des gâteaux plus légers, vous pouvez remplacer la moitié du poids de la farine par de la fécule de maïs. Elle contient essentiellement de l'amidon, qui va beaucoup plus épaissir. Conclusion ? En mettant moins de fécule, vous obtiendrez la même onctuosité. Pour 100 g de farine, comptez 60 g de fécule de maïs. Autre avantage ? Elle est plus légère et plus digeste. En revanche, elle est quasiment aussi calorique ;)

Le gâteau au chocolat **MOELLEUX**

3. le gâteau au chocolat moelleux
CŒUR LÉGER

200 g
de chocolat noir
70 % de cacao

200 g
de beurre

30 g
de farine

5 œufs

200 g
de sucre

0. Préchauffez votre four à 190°C.

1. Faites fondre au bain-marie votre chocolat coupé en morceaux. Ajoutez-y le beurre en morceaux et laissez fondre. Mélangez bien pour que la préparation devienne homogène. Laissez tiédir. Vous savez quoi ? Vous êtes INCROYABLE ! Sachez-le. Et comme vous avez 5 min devant vous, profitez-en pour glisser un mot doux à quelqu'un qui compte. Vous pouvez aussi en profiter pour tapisser votre moule à manqué de papier sulfurisé.

2. Votre mélange est tiède ? Ajoutez-y la farine tamisée. Mélangez bien, et de manière dynamique pour lutter contre l'effet grumeaux ;)

3. Clarifiez♥ vos œufs. D'un côté, blanchissez♥ vos jaunes avec le sucre. Incorporez-les alors à votre préparation chocolat + beurre. Mélangez avec votre maryse fétiche pour obtenir un mélange homogène.

4. De l'autre côté, montez vos blancs en neige.
Un trou de mémoire ? Jetez un œil p. 13.

5. Vos blancs sont montés ? Vous avez retourné le saladier au-dessus de votre tête et rien ne bouge ? SUPER. Prochaine étape : incorporez-les petit à petit avec votre maryse, sans les casser, au mélange chocolaté. Bien joué !

6. Versez la préparation dans le moule avec le papier sulfurisé. Et hop ! Direction le four : 20 min à 190°C. Ne criez pas, ne paniquez pas. Le gâteau va gonfler, gonfler, monter et pfiou, retomber quelques minutes après la sortie du four. C'est normal. Démoulez-le une fois refroidi seulement.

C'est prêt !

POURQUOI FAUT-IL ÉVITER UN BATTAGE PROLONGÉ ?

Lorsque l'on fouette trop longtemps les blancs d'œufs, ils risquent de grainer. On y a incorporé trop d'air et il n'y a plus assez de molécules de protéines pour retenir l'air et l'eau. Les blancs ne sont plus homogènes du tout. Pas de panique. Vous pouvez tenter d'y ajouter un blanc d'œuf et recommencer à fouetter. Pensez à retirer une partie au moment de l'incorporation à votre appareil ;)

Évitez également de les battre trop longtemps pour ne pas créer trop de tension entre les bulles et laisser la possibilité au réseau d'augmenter de volume en cuisant. Tout va bien se passer. Bientôt vous aurez l'œil pour savoir précisément quand vous arrêter !

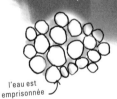

l'eau est emprisonnée

trop de tensions, l'eau est expulsée !

LES CONSEILS de Pauline

* Ne soyez pas surpris, à la sortie du four, le centre ne paraît pas cuit. Il va finir par durcir ;)

* Dégustez-le tiède ou alors... sachez que ce gâteau est encore meilleur le lendemain ;) Le cœur moelleux va alors ressembler à de la truffe. Bonne nouvelle, vous pouvez le conserver jusqu'à 2 ou 3 jours !

chef des cookies dans votre magasin préféré et diplômée du CAP pâtissier – promo 2017 !

Le gâteau au chocolat
MOELLEUX

C'est LE gâteau parfait à croquer avec votre tribu !

une croûte cassante

un cœur moelleux

POURQUOI FOUETTE-T-ON LES JAUNES ET LE SUCRE AVANT D'AJOUTER LE BEURRE ?

Lorsqu'on bat les jaunes d'œufs avec le sucre, on incorpore des millions de bulles d'air. Le jaune d'œuf s'immisce entre les grains de sucre. Cela crée **un réseau stable**, on y ajoute alors le beurre qui s'y incorpore parfaitement.

Si on ne fouette pas, le réseau est instable, la phase grasse se sépare de la phase solide.

réseau stable !

grains de sucre

jaune d'œuf

bulles d'air

phase stable ;)

réseau instable

phase grasse

phase solide

La croûte est due à la cuisson à four très chaud et à la présence de blancs en neige. Un peu de farine permet de donner du corps au gâteau sans l'assécher.

Le gâteau au chocolat
MOELLEUX

 6   25 min   1 h 10   20 cm

4. le gâteau au chocolat moelleux façon
CAKE DENSE

200 g de chocolat noir 70 % de cacao	15 cl de lait	125 g de beurre	200 g de sucre	4 œufs	125 g de farine

texture rigide !
il ne s'affaisse pas au démoulage ;)

il est encore meilleur à déguster le lendemain ;)

0. Préchauffez votre four à 200 °C.

1. Faites fondre avec amour ET patience votre chocolat et le lait au bain-marie, puis laissez tiédir.

2. En parallèle, crémez ♥ votre beurre pommade ♥ avec le sucre. Votre mélange doit prendre un aspect et une texture crémeuse.

3. Clarifiez ♥ vos œufs. Ajoutez les 4 jaunes battus à votre préparation et obtenez un mélange homogène. *Très chouette, ce que vous nous concoctez là !*

4. Ajoutez-y le chocolat tiédi, puis, petit à petit, la farine tamisée. *Prenez votre temps pour éviter les grumeaux.*

5. Montez vos blancs en neige.

6. Soufflez, vous y êtes presque. Incorporez délicatement vos blancs et hop, le tour est joué ! *Un coup de pouce pour cette étape ? RDV p. 13.*

7. Beurrez et farinez votre moule à cake. Versez votre préparation, diminuez la température à 140 °C et c'est parti pour 1 h 10 au four.

Pas de panique, vous avez bien préchauffé votre four à 200 °C. Grâce à cette forte chaleur, le gâteau sera vite saisi pour former une jolie croûte !

il supporte merveilleusement bien la congélation.

PEUT-ON MONTER LES BLANCS À L'AVANCE ?

Non ;) Il faut vraiment attendre le DERNIER moment pour monter vos blancs. Sinon ? Dès qu'ils patientent dans un coin de votre cuisine, ils en profitent pour se rétracter, se ramollir, gagner en humidité (vous savez, ce liquide qui apparaît dans le fond du bol !). Conséquence ? Ils seront moins stables à la cuisson.

Ne criez pas, ne paniquez pas. Si jamais vous avez un peu trop anticipé, sachez qu'il est possible de reprendre un battage. OUF !
Le battage prendra en revanche beaucoup plus de temps. Pour vous donner un coup de pouce, vous pouvez rajouter un blanc d'œuf ;)

Le gâteau au chocolat
MOELLEUX

5. le gâteau au chocolat moelleux façon
CAKE TENDRE

120 g
de chocolat noir
70 % de cacao

250 g
de beurre

320 g
de sucre complet

2 œufs

150 g
de farine

1 sachet
de levure

25 cl
d'eau chaude

0. Préchauffez votre four à 180°C. Lisez bien la recette en entier. Pesez vos ingrédients et préparez votre plan de travail. Vous êtes prêt(e) ? À vous de jouer !

1. Faites fondre au bain-marie votre chocolat en morceaux. Laissez tiédir.

2. Crémez♥ votre sucre avec le beurre pommade♥. Objectif ? Obtenir une texture crémeuse.

3. Ajoutez-y les œufs battus. Vous obtenez une texture « œuf brouillé » ? Bien joué, c'est EXACTEMENT ce qu'il faut !

4. Ajoutez le chocolat tiédi à votre préparation. Mélangez énergiquement au fouet. N'hésitez pas à changer de main si vous commencez à fatiguer ;)

5. Tamisez ensemble la farine et la levure et ajoutez-les à la préparation chocolatée.

6. Ajoutez l'eau chaude en fin filet et mélangez avec passion jusqu'à obtenir une pâte lisse et légèrement liquide.

7. Beurrez votre moule à cake et versez-y doucement la préparation. Enfournez 35 min à 180 °C puis baissez la température à 150 °C pour les 15 min restantes.

la suite là-haut !

8. Laissez refroidir le gâteau quelques minutes avant de le démouler. Pssst, entre nous ? La tribu l'a surnommé "l'intenable". Il est VRAIMENT bon, mais VRAIMENT PAS présentable ;) Si c'est belle-maman que vous accueillez, découpez-lui une belle tranche discrètement en cuisine. Elle sera bluffée, promis !

> On ne choisit pas toujours tout dans la vie, mais on choisit la façon dont on le vit.

L'important c'est qu'il soit bon ! La preuve en image ;)

QUAND LA FARINE RENCONTRE LES AUTRES INGRÉDIENTS... QUE SE PASSE-T-IL ?

La majorité des autres ingrédients de la recette - le beurre, le sucre, le jaune d'œuf - vont empêcher les protéines de farine de s'assembler pour former du gluten. Ils sont absorbés par l'amidon contenu dans la farine. Ils jouent un peu le rôle d'imperméable. L'eau présente dans la préparation n'est donc pas absorbée, ce qui permet au gâteau d'être tendre et humide.

eau
protéines de la farine
et hop ! Formation de gluten
beurre   sucre   jaune d'œuf
mie protégée !

Le gâteau au chocolat
MOELLEUX

6. le gâteau au chocolat moelleux
100 % VÉGÉTAL

sans œuf, sans lait de vache,
sans chemise et sans pantalon ;)

160 g de chocolat noir 70 % de cacao	100 g (12 cl) d'huile de coco	400 g (40 cl) de boisson végétale ♥	130 g de sucre complet
1 sachet de levure	100 g de farine	50 g de fécule de maïs	30 g de cacao

♥ au soja, à la noisette,
au riz, ou au lait de
coco ou d'amandes…

À LA CUISSON, QUELLE DIFFÉRENCE ENTRE LES BLANCS EN NEIGE ET LA LEVURE ?

0. Bonjour ! Commencez par peser vos ingrédients et préchauffer votre four à 180 °C.

1. Faites fondre au bain-marie votre chocolat en morceaux et l'huile de coco. Laissez tiédir. Profitez de ces 5 min rien que pour VOUS pour lister 3 choses WAOUH que vous voulez réaliser dans l'année. Voilà, maintenant que c'est sur papier… LANCEZ-VOUS !

2. Retour à notre gâteau. Incorporez la boisson végétale dans la préparation chocolat + huile. Remuez patiemment avec une maryse.

3. Dans un saladier (ou un cul-de-poule pour jouer les grands chefs), mélangez vos matières sèches ensemble : la farine, la fécule, le sucre, la levure et le cacao. Assurez-vous que vous n'avez rien oublié sur votre plan de travail ;)

4. Ajoutez-y progressivement votre préparation liquide. Mélangez jusqu'à ce que ça devienne 100 % homogène. N'hésitez pas à changer de bras si la crampe pointe le bout de son nez !

5. Versez dans votre moule antiadhésif et hop ! Au four à 180 °C pendant 30 min.

Alors, heureux(se) ?

L'effet est le même. La levure va dégager du dioxyde de carbone, ce qui augmentera la taille des bulles et donc de votre préparation. Pour les blancs en neige, les bulles d'air créées vont se dilater, votre préparation gonfler.

Une petite différence toutefois : le réseau de bulles d'air établi par la levure est très homogène alors que celui des blancs en neige fera apparaître des alvéoles de tailles très différentes. Finalement c'est surtout au niveau du goût du gâteau cuit qu'il y a une différence ;)

blancs en neige

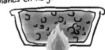 

alvéoles
de tailles
différentes

levure

alvéoles
régulières

Le gâteau au chocolat
MOELLEUX

LE CONSEIL d'Alina

Pas un grand fan de la coco ? Vous pouvez remplacer votre huile de coco par de l'huile de pépins de raisin, plus neutre en goût ;)

Bras droit de la chef de l'export et diplômée du CAP pâtissier – promo 2015 !

100 % végétal

sans œuf

sans lactose !

ULTRA gourmand

COMMENT SAIT-ON QUE LE GÂTEAU EST CUIT ?

Pour vérifier la cuisson de votre chef-d'œuvre quand votre minuteur sonne ? Enfoncez la lame d'un couteau dans le gâteau, au cœur de préférence. La préparation colle au couteau ? Oups, la cuisson n'est pas encore terminée. C'est reparti pour quelques minutes. Pas de panique, le trou créé ne fera pas dégonfler le gâteau ;)

Le gâteau au chocolat
MOELLEUX

7. le gâteau au chocolat moelleux
REINE DE SABA

125 g
de chocolat noir
70 % de cacao

125 g
de beurre

3 œufs

125 g
de sucre

75 g
de poudre
d'amandes

30 g
de fécule
de maïs

0. Préchauffez votre four à 180 °C et pesez vos ingrédients. Faites-vous confiance, tout va bien se passer.

1. Coupez votre chocolat en morceaux et faites-le fondre au bain-marie. Ajoutez-y ensuite le beurre en morceaux et remettez à fondre quelques instants. Mélangez avec amour. Et laissez tiédir.

2. Clarifiez♥ vos œufs. Vos jaunes et vos blancs sont bien séparés ? C'est parti ! Commencez par blanchir♥ vos jaunes avec le sucre. Incorporez ensuite la préparation au mélange tiédi chocolat + beurre. Mélangez énergiquement pour obtenir une préparation homogène.

3. Assemblez la fécule et la poudre d'amandes, puis ajoutez ce mélange à votre préparation. Mélangez, encore et toujours ;)

4. Montez vos blancs en neige. Une fois qu'ils sont bien fermes, incorporez-les en 3 fois à la préparation. Prenez le temps. Ne les cassez pas. BRAVO ! Vous avez réussi. Cela mérite bien une danse de la joie (si vous avez besoin d'inspiration, RDV sur notre chaîne ▶)

5. Beurrez votre moule à manqué, farinez-le aussi et versez-y votre douce préparation. Enfournez et faites cuire 30 min à 180 °C. ATTENTION, le cœur doit rester légèrement humide, donc pas de panique en glissant votre lame de couteau pour vérifier la cuisson.

QUELLE ASTUCE POUR CONCOCTER DES BLANCS EN NEIGE BIEN FERMES ?

Oubliez le sel ;) On entend parfois qu'ajouter une pointe de sel garantit des blancs en neige supersoniques. C'est faux. Le sel n'a aucun effet sur la tenue des œufs. Il peut même nuire à leur stabilité.

En revanche, bonne nouvelle ! Les ions d'hydrogène que l'on trouve dans les substances acides, telles que **le citron ou le vinaigre,** facilitent le déploiement des protéines du blanc d'œuf. Autrement dit, ils facilitent le battage. Les œufs montent plus facilement et ne granulent pas. MAGIQUE ! Les blancs montés sont souples et élastiques. À la cuisson, ils gonflent mieux. À tester ;)

Et si vous êtes l'heureux propriétaire d'un **cul-de-poule en cuivre,** sachez qu'au cours du battage, une réaction détonante se produit entre le cuivre et la conalbumine, protéine contenue dans le blanc d'œuf. Du coup, la mousse sera plus stable, plus élastique et les blancs monteront plus haut.

protéines de
blanc d'œuf

ions
hydrogènes

les protéines se
déploient mieux !

bon goût d'amande

dense et très gourmand !

UN PEU DE JAUNE D'ŒUF S'EST GLISSÉ DANS LES BLANCS À MONTER. EST-CE GRAVE ?

Lorsqu'il y a du jaune dans les blancs, les protéines tensio-actives du jaune se lient aux protéines des blancs et les empêchent d'établir un réseau avec les bulles d'air et l'eau. Forcément, les blancs montent beaucoup moins bien, voire pas du tout.

Comme toujours, tout est une question de quantité. Pas de panique, une petite goutte de jaune dans un GRAND volume de blancs ne les empêchera pas de monter. Sauvé(e) ;) Il faudra en revanche battre + longtemps et à + grande vitesse pour obtenir un mousse ferme. ATTENTION, elle peut être un peu moins volumineuse.

 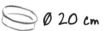
8. le gâteau au chocolat moelleux
EXPRESS

100 g
de chocolat noir
70 % de cacao

100 g
de beurre

2 œufs

140 g
de sucre

75 g
de farine

Vous êtes pressé(e) ?
Cette recette est faite pour VOUS.

un gâteau qui
se tient bien

une texture
non grasse !

0. Pesez vos ingrédients, préchauffez le four à 220 °C et lancez-vous !

1. Faites fondre votre chocolat coupé en morceaux au bain-marie. Ajoutez-y le beurre en morceaux et refaites fondre quelques instants. Mélangez bien pour que la préparation devienne homogène.

2. Retroussez-vous les manches et fouettez VIVEMENT les œufs et le sucre jusqu'à ce que le tout blanchisse.

3. Ajoutez-y votre farine tamisée. Et hop, mélangez avec votre spatule ou cuillère fétiche.

4. Accrochez-vous. Le meilleur moment arrive ! Versez-y la préparation chocolat + beurre. Mélangez à nouveau.

5. Beurrez votre moule à manqué et versez-y votre préparation supersonique.

6. Direction le four ! 11 min à 220 °C. **TAAAAADAM,** c'est prêt ! Vous pouvez impressionner votre tribu en un temps record ;)

POURQUOI LE JAUNE DE L'ŒUF EST JAUNE ?

Typiquement le genre de question existentielle que l'on se pose tous une fois dans sa vie (non ?!). Trêve de suspense. La couleur du jaune (qu'on appelle aussi vitellus) repose ENTIÈREMENT sur l'alimentation de la poule. Plus son alimentation contient de maïs et de fourrages verts, riches en xanthophylles ✱ (molécules de couleur jaune, dérivées des carotènes ✱, pigments de couleur orange), plus la couleur sera orangée et plus l'œuf aura du goût.

Michel peut beurrer un moule en 7 secondes. Et vous ?

Augustin
Vizir →

Evan
grand chef de la tribu
à New York

Michel
Calife →

un gâteau express à 6 mains = un gâteau
ULTRA rapide pour tribu pressée ;)

LES CONSEILS
de François

François, chef de la tribu française et 1er supporter du stade toulousain !

✱ Petite astuce. Si vous remplacez la moitié du sucre semoule par de la cassonade ? Vous obtiendrez un effet encore + croustillant !

✱ Vous pouvez aussi concocter des portions individuelles ;) Prenez des petits moules et enfournez 5 min !

✱ Vous arrivez à placer ces 2 mots lors d'un dîner, avec un air 100 % naturel et un ton assuré/assumé, sans bafouiller ?

Bravo, vous avez le don du bananier. Appelez-nous au 06 27 38 12 04. Surpriiiiiise !

Le gâteau au chocolat
MOELLEUX

 6 10 min 6 min moule en silicone Ø 25 cm papier sulfurisé

9. le gâteau au chocolat moelleux
AU MICRO-ONDES

125 g de chocolat noir 70 % de cacao | **100 g** de beurre | **3 œufs** | **100 g** de sucre | **50 g** de farine | **3 g** de levure | **90 g** de crème fraîche

Cette recette est PARFAITE si vous êtes très TRÈS pressé(e) ou que vous n'avez ni four ni cocotte-minute ♥ !

1. Faites fondre votre chocolat coupé en morceaux au micro-ondes. 1 min 30 à 500 W, pas plus ! Ajoutez alors le beurre en morceaux et relancez votre micro-ondes 30 s. Mélangez patiemment pour que la préparation soit 100 % homogène. Laissez tiédir.

2. Blanchissez♥ les œufs avec le sucre et incorporez cette préparation au mélange chocolat + beurre. Mélangez avec votre maryse.

3. Ajoutez ensuite la farine tamisée et la levure. Mélangez bien. Prenez 2 min pour fermer les yeux et visualiser ce moment délicieux où vous allez déguster votre chef-d'œuvre. Vous imaginez... sa texture moelleuse, son odeur envoûtante, son goût chocolaté qui réveille les papilles... Allez, dernière ligne droite. Vous y êtes presque ;)

4. Ajoutez la crème fraîche et mélangez avec soin. Votre préparation est prête !

5. Déposez un cercle de papier sulfurisé dans le fond de votre moule en silicone et versez-y votre préparation.

6. La valse de la cuisson commence ;) Accrochez-vous. Faites cuire à 500 W pendant 3 min. Laissez reposer 2 min. Relancez la cuisson 2 min. À nouveau 2 min de repos. Et hop, encore 1 min de cuisson.

POURQUOI UTILISER DES ŒUFS À TEMPÉRATURE AMBIANTE ?

L'œuf contient des protéines tensio-actives (qui font le lien entre l'eau et d'autres substances peu solubles dans l'eau) et vont jouer le rôle d'émulsifiant. Si la température est trop basse, la capacité à libérer ces protéines est faible. À température ambiante, les protéines tensio-actives sont dans les conditions optimales pour effectuer leur mission, et les émulsions foisonnent plus efficacement.

Protéines tensio-actives à froid... | ... et à température ambiante !

♥ Si vous êtes équipé(e), que vous avez un peu + de temps et que vous êtes à la recherche d'une expérience gustative EXCEPTIONNELLE, ne vous attardez pas sur celle-ci ;)

C'est terminé !

Le gâteau au chocolat
MOELLEUX

chocolat + beurre
parfaitement fondus

œufs et sucre battus
avec amour

pluie de farine et de levure

et hop ! au tour de
la crème fraîche !

une texture
très élastique !

Élisabeth, grande chef de nos
petits sablés apéritif et diplômée
du CAP pâtissier – promo 2016

le MEILLEUR moment ;)

Élisabeth contrôle
la cuisson de très
TRèS près ! ↗

Delphine, grande manitou de nos chouettes
recettes innovantes et diplômée du
CAP pâtissier – promo 2015

COMMENT UTILISER LA LEVURE ?

Quelques règles à noter
sur votre main gauche :

1. Contrairement à la levure
boulangère, inutile de la faire entrer
en contact avec un liquide pour
activer ses propriétés magiques ;)

2. Tamisez-la avec votre farine.

3. Soyez raisonnable dans vos
quantités. Si vous avez la main
lourde, vos préparations risquent
de gonfler de manière irrégulière,
d'être asséchées et d'avoir un
goût salé plutôt désagréable.
Un dosage raisonnable ?
20 g de levure par kilo de farine.

Quoi qu'il arrive dans la vie,
croyez en vous,
galopez, rêvez sans limite !
Voyez GRAND. Foncez !

Le gâteau au chocolat
MOELLEUX

Martin, chef des petites recettes à emporter partout !

Marion, grande chef des recettes, diplômée du CAP pâtissier — promo 2013

de Michel et Augustin p. 38

au chocolat d'origine p. 46

crémeux p. 42

au lait p. 36

tout cru ;) p. 34

Manon, grande distributrice de nos petites recettes, diplômée du CAP pâtissier – promo 2016

Charlotte, manitou de nos ambassadeurs

à la cocotte p. 44

au bain-marie p. 39

Le gâteau au chocolat
FONDANT

sans farine p. 40

sans beurre p. 41

C'est moi ! La concocteuse de ce livre, diplômée du CAP pâtissier – promo 2015

33.

🍰 10 🥄 25 min ❄️ 7h ⬜ 1 carré à entremets de 15 cm de côté ▱ 1 plaque

10. le gâteau fondant au chocolat
TOUT CRU ;)

 200 g de chocolat noir 70 % de cacao

 125 g de beurre

 30 g de poudre d'amandes

 2 pincées de fleur de sel

 une pointe de cacao en poudre ⟵ non sucré, bien meilleur ;)

un gâteau non cuit ←

sans œuf cru = vous pouvez le conserver au frais + de 2 jours ;)

la poudre d'amande donne du corps au gâteau ↙

une texture compacte, froi ULTRA fond

et la fleur de sel relève le goût ! ↘

34.

Le gâteau au chocolat **FONDANT**

1. Faites fondre au bain-marie votre chocolat coupé en morceaux. *Un coup de pouce ? RDV p. 12 !*

2. En dehors du bain-marie, ajoutez le beurre en petits bouts ; il va fondre naturellement avec la chaleur du chocolat.

3. Ajoutez la poudre d'amandes et la fleur de sel. Mélangez délicatement avec votre maryse, sans incorporer d'air, pour homogénéiser l'appareil.

4. Beurrez une plaque. Et hop ! Au tour de votre carré à entremets : beurrez-le et cacaotez-le. Oui, oui, vous avez bien compris, saupoudrez votre carré de cacao !

5. Posez délicatement votre carré sur votre plaque beurrée et versez-y la pâte.

6. *Phase critique ;)* C'est le moment d'être patient et de déposer votre plaque pour 7 h au réfrigérateur.

Inspection n° 1 : le carré est parfaitement beurré et cacaoté

Résistez. C'est encore meilleur froid, promis !

QUE FAIRE PENDANT 7H ?

Triez votre vide-poche

Relisez un classique de la Pléiade ;)

Faites le ménage pour vos invités

Pensez à 3 jolies choses qui vous sont arrivées aujourd'hui

Écrivez un mot doux à votre ami(e) d'enfance

Vous avez presque le dessert. BRAVO. Et le plat ?

La prochaine fois, soyez encore + malin(e) : préparez ce gâteau le soir et partez vous coucher ;)

Trop dur à démouler ? Pas de panique, passez votre lame de couteau sous l'eau chaude.

Inspection n°2 : le gâteau est parfaitement lisse !

Saupoudrez de cacao

7. **Tadam !** Ça y est, c'est l'heure de le sortir du réfrigérateur. Enlevez le cadre en inox et retournez le gâteau sur votre plus belle assiette de présentation. Il est lisse et brillant ! Vous pouvez le saupoudrer de cacao. Remettez le cadre en place sur le gâteau pour ne pas déborder ;) Le cacao lui donne un joli côté feutré qui contraste avec la brillance de l'intérieur.

8. Servez-le ainsi ou découpez-le en petites portions. Régalez-vous !

Dégustez !

11. le gâteau fondant au chocolat
AU LAIT

200 g
de chocolat au lait

150 g
de beurre

150 g
de sucre

5 œufs

30 g
de farine

0. Pesez tous vos ingrédients
et préchauffez votre four à 190 °C.

1. Faites fondre votre chocolat comme
vous l'avez appris au début de ce livre :
au bain-marie ou au micro-ondes.

2. Il est fondu ? Parfait. Vous pouvez ajouter
le beurre en morceaux et remettre le tout à
fondre quelques instants ! Mélangez bien pour
que la préparation devienne homogène.

3. Incorporez le sucre en pluie fine.
Mélangez. *Souriez, la vie est belle!*

4. Ajoutez un œuf après l'autre en pensant
bien à mélanger au fouet à chaque fois. *Patience,
vous verrez, le résultat en vaut la peine ;)*

5. Ajoutez enfin la farine et mélangez au fouet. Ne lâchez RIEN !

6. Beurrez votre moule à manqué. Vous y êtes presque.
Versez délicatement votre préparation dans le moule.
Direction le four pour 25 min à 190 °C.

7. Il est probablement encore *"bloblotant"*
lorsque vous le sortez du four. C'est normal ! Laissez
reposer votre moule au moins 30 min puis démoulez
en 2 temps : d'abord sur une plaque, il sera alors
à l'envers, puis sur votre plus joli plat
pour qu'il soit à l'endroit ;)

Marion, notre Boulangère de quartier,
a testé cette recette 3 × avant
de trouver le moule idéal pour
une texture ULTRA fondante !

POURQUOI PRÉCHAUFFER LE FOUR ?

Règle très TRèS importante en
pâtisserie : toujours enfourner
une préparation quand le four a
atteint la température demandée.
Ce 1er contact avec une chaleur
élevée va saisir le gâteau et former
une légère croûte. Cette croûte est
PRI-MOR-DIALE : elle va servir de
« couvercle » au gâteau et garder
l'humidité de la préparation et donc
la texture humide et moelleuse.

BONNE TEMPÉRATURE

Une croûte se forme !

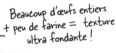
Beaucoup d'œufs entiers
+ peu de farine = texture
ultra fondante !

LE CONSEIL
de Marion

En ajoutant 2 pincées de
fleur de sel à votre appareil,
vous retrouverez le petit
goût subtil du caramel au
beurre salé au cœur de
votre gâteau. Irrésistible !

Le gâteau au chocolat
FONDANT

POURQUOI BEURRER/FARINER SON MOULE ?

✳ Beurrer le moule rend la paroi glissante, le gâteau monte plus facilement. La farine facilite également la montée du gâteau.

✳ La présence de sucre dans la pâte permet au gâteau de rester attaché au bord, de sorte qu'il retombera moins rapidement à la sortie du four. Saupoudrer le moule beurré de sucre donne également un côté croustillant au gâteau.

✳ Toutefois, les gâteaux riches en sucre ont tendance à accrocher. Pour ces derniers et pour ceux qui cuisent au bain-marie, il est préférable de mettre au fond du moule du papier sulfurisé.

Sans beurre → le gâteau a du mal à monter

Avec beurre → le gâteau monte !

si le gâteau est trop sucré → démoulage raté

Papier sulfurisé → démoulage réussi !

Goût subtil de **caramel** grâce au chocolat au lait

Croûte **craquante**

le bonheur

Texture humide et dense

Le gâteau au chocolat
FONDANT

🧁 6   🥄 25 min   🫕 12 min   🍽 Ø 20 cm

12. le gâteau au chocolat fondant de
MICHEL ET AUGUSTIN

160 g
de chocolat noir
50 % de cacao

120 g
de beurre

2 œufs

120 g
de sucre roux
de canne

120 g
de farine

2 pincées
de fleur de sel

une explosion sismique de CHOCOLAT !

un gâteau qui **croustille** *à l'extérieur*

et qui **fond** *à l'intérieur*

Une recette pas si facile à maîtriser. C'est tout un art ET un savoir-faire !

Le risque si vous ne laissez pas assez refroidir le chocolat et le beurre fondu ? Les œufs y coagulent. Le beurre se sépare du reste, et votre gâteau est vilain… et pas bon ;)

1. Cassez délicatement le chocolat noir, ajoutez le beurre coupé en morceaux et la pointe de sel.

2. Faites fondre le tout au bain-marie. Laissez refroidir.

3. Préchauffez votre four à 200 °C.

4. Incorporez les œufs préalablement battus et mélangez avec amour, toujours ;)

5. Ajoutez le sucre roux en pluie fine et la farine. Respirez. Mélangez très vigoureusement pour émulsionner la préparation jusqu'à ce qu'elle soit 100 % homogène ! Si vous avez un robot, c'est le moment d'utiliser la feuille ;)

6. Versez dans votre moule à manqué beurré ! Vous n'avez pas le bon moule ? Pas de panique. Le principal est de verser sur une épaisseur de 3 cm. Et hop ! Au four.

7. Faites cuire 12 min à 200 °C. Patience, bientôt la dégustation.

Pour cette recette, utilisez du chocolat à 50 %. Le risque avec un chocolat à 70 % ? Trop de matières grasses et une émulsion difficile à contrôler. Testé et désapprouvé par la tribu ;(

Le gâteau au chocolat
FONDANT

13. le gâteau au chocolat fondant
AU BAIN-MARIE

↖ Le bain-marie préserve toute l'humidité au gâteau.

300 g de chocolat noir 70 % de cacao   **250 g** de beurre   **4 œufs**   **200 g** de sucre roux de canne   **30 g** de farine

0. Préchauffez votre four à 210 °C. Beurrez votre moule à manqué et disposez un cercle de papier sulfurisé dans le fond.

1. Faites fondre votre chocolat puis ajoutez le beurre coupé en morceaux. Remettez à fondre quelques instants et mélangez. La préparation est homogène ? Parfait, laissez tiédir.

2. Ajoutez le sucre en pluie au mélange chocolat + beurre et mélangez pour obtenir une pâte homogène *encore et toujours ;)*

3. Battez vos œufs entiers et ajoutez-les progressivement à la farine jusqu'à ce que le mélange blanchisse et soit bien lisse. Allez-y franchement *et avec le sourire.*

4. Incorporez l'appareil chocolaté en mélangeant délicatement et versez la pâte dans le moule beurré. *Des bulles apparaissent ? Pas de panique, tapotez gentiment votre moule pour les faire remonter à la surface.*

5. Préparez votre bain-marie : placez votre lèchefrite dans le four, versez de l'eau bouillante sur 2 cm et posez le moule dans l'eau. Le tour est joué !

6. Faites cuire 35 min à 210 °C. Pour obtenir la formation d'une légère croûte, plongez le moule dans un bain d'eau très froide à sa sortie du four pendant 20 min. Puis démoulez-le ! Verdict ?

texture très humide, uniforme et **lisse** ↘

fondant grâce au beurre et au chocolat →

La cuisson à forte température permet de créer une très fine croûte.

QUELLE DIFFÉRENCE ENTRE UNE CUISSON AU FOUR ET AU BAIN-MARIE ?

L'eau du bain-marie va jouer le rôle d'isolant et protège votre gâteau de la chaleur directe du four. La chaleur du bain-marie est plus douce, les protéines coagulent plus lentement. Il y a moins de risques que votre gâteau ait un coup de chaud et cuise trop ;)

LES CONSEILS de Victoire

Passionnée de gastronomie moléculaire et à l'origine de cette idée rigolote ;)

✴ Ce gâteau est meilleur le lendemain : conservez-le à température ambiante ou au réfrigérateur pour un aspect "truffé".

✴ Pour plus de fondant, essayez un moule plus étroit et plus haut ! Le temps de cuisson peut alors avoisiner 1 h 30.

Au four ↘
air du four sec
= croûte craquelée
texture grumeleuse

Au bain-marie ↘
air du four humidifié
= surface lisse
couleur uniforme
pas de fendillements
texture lisse et crémeuse

Le gâteau au chocolat **FONDANT**

6   🥄 20 min   🧄 20 min   ⬭ Ø 20 cm   📄 papier sulfurisé

14. le gâteau au chocolat fondant
SANS FARINE

200 g
de chocolat noir
50 % de cacao

200 g
de beurre

180 g
de sucre

5 œufs

10 g
de poudre
d'amandes

une fine croûte bien croustillante ↘

0. Préchauffez votre four à 190 °C. Retroussez-vous les manches, c'est parti !

1. Faites fondre au bain-marie votre chocolat et votre beurre, tous les deux coupés au préalable en morceaux. Admirez-les fondre ou profitez-en pour tester une nouvelle position de yoga (envoyez-nous une photo si vous maîtrisez celle du scorpion) ou vous dandiner sur votre musique préférée.

2. C'est fondu ? Ajoutez en fine pluie le sucre. Mélangez bien puis laissez refroidir un chouïa. Profitez-en pour découper un cercle de papier sulfurisé de 20 cm de diamètre. Glissez-le au fond du moule à manqué beurré au préalable.

3. Incorporez les œufs un à un. Remuez avec une cuillère en bois à chaque fois pour obtenir une préparation bien homogène.

4. Ajoutez enfin la poudre d'amandes **et hop !** Lissez votre préparation en mélangeant soigneusement.

5. Versez le tout dans le moule. Vérifiez par 2 fois que votre papier sulfurisé est bien au fond ;)

6. Direction le four ! Enfournez 20 min à 190 °C. Le gâteau doit être légèrement tremblotant au milieu quand vous le sortez. Laissez-le refroidir avant de le démouler. BRAVO ! N'oubliez pas de célébrer vos victoires, les toutes petites ou les très TRèS grandes, tous les jours de l'année.

Ce chef-d'œuvre est une victoire, non ? ;)

Le gâteau au chocolat
FONDANT

15. le gâteau au chocolat fondant
SANS BEURRE

oui, oui, c'est un gâteau au chocolat pour de vrai de vrai, promis !

250 g
de chocolat noir
70 % de cacao

200 g
de compote
de pommes

50 g
de lait

4 œufs

150 g
de sucre

40 g
de farine

Pas de quoi fouetter un mammouth !

0. Préchauffez votre four à 180 °C. **Inspirez. C'est parti !**

1. Faites fondre au bain-marie votre chocolat coupé en morceaux. Laissez tiédir. *Et si vous en profitiez pour prendre le temps d'écrire un mot doux à votre moitié, votre collègue préféré(e) ou vos voisins de palier ? C'est bon pour le moral de tout le monde.*

2. Incorporez la compote et le lait. Mélangez délicatement. Ce n'est pas lisse ? Normal ;) Pas de panique. La texture semble presque granuleuse. Tout est sous contrôle.

3. Dans un autre saladier, blanchissez♥ vos œufs avec le sucre.

4. Incorporez-y ensuite la préparation chocolat + compote + lait. Mélangez bien avec votre maryse.

5. Ajoutez enfin la farine (tamisée bien sûr). Mélangez avec énergie et conviction pour faire disparaître tous les grumeaux. *La tribu croit en vous !* La préparation finale doit être lisse et uniforme.

6. Il vous reste à déposer un cercle de papier sulfurisé dans votre moule à manqué, y verser avec amour votre préparation et le tour est joué ! Enfournez 20 min à 180 °C.

7. ATTENTION, laissez refroidir avant de déguster. *Retenez encore quelques instants votre tribu ;)*

ATTENTION, DES ŒUFS ENTIERS TROP BATTUS RETOMBENT !

Ne dépensez pas toute votre énergie à travailler votre mélange à base d'œufs entiers. Une pâte trop émulsionnée, une fois au four, va gonfler, gonfler, gonfler et hop ! Tout va redescendre par la suite, faute de suffisamment de « ciment » pour tenir la structure.

Le gâteau au chocolat
FONDANT

6 30 min  40 min 2h + 1h + 12h  Ø 18 cm  papier sulfurisé

16. le gâteau au chocolat fondant
CRÉMEUX*

sans crème ;)

115 g
de chocolat noir
70 % de cacao

120 g
de beurre
demi-sel

120 g
de sucre roux
de canne

1 g
de fleur
de sel

3 œufs

20 g
de farine

un cœur ULTRA
onctueux

une belle croûte **meringuée**

un goût subtil de
caramel

* inspiré de la célèbre
recette bauloise ;)

0. ATTENTION, lisez bien la recette de A à Z. Prévoyez le temps suffisant devant vous pour la concocter et de l'espace dans votre réfrigérateur ;)

1. Faites fondre au bain-marie votre chocolat et votre beurre coupés en morceaux. Laissez tiédir.

2. En attendant, versez le sucre, le sel et vos œufs dans un récipient. VITE, battez avec énergie jusqu'à ce que votre sucre disparaisse complètement et que la préparation blanchisse ! Vous en avez bien pour 5 min, même au robot pâtissier ;) De quoi vous perdre dans vos pensées et imaginer vos prochaines vacances ou dresser la liste des romans que vous avez envie de dévorer avant la fin de l'année.

3. Ajoutez votre farine tamisée et hop, 2 ou 3 coups de fouet, juste pour l'incorporer. Pas plus !

4. Ajoutez le mélange chocolaté à votre préparation et fouettez énergiquement jusqu'à obtenir une préparation bien homogène et lisse.

5. Coupez un cercle de papier sulfurisé de 18 cm de diamètre et glissez-le au fond du moule à manqué. Inutile de beurrer les parois, le gâteau se rétracte tout seul à la cuisson comme par magie ;)

6. Versez soigneusement la pâte et laissez reposer 2 h à température ambiante. Objectif ? Laisser l'air contenu dans la pâte remonter à la surface ! À vous une belle croûte meringuée. Profitez-en pour ranger votre plan de travail, faire un brin de vaisselle, penser le reste du repas… et préchauffer votre four à 125 °C.

7. Mettez votre gâteau à cuire pendant 40 min. Le cœur doit rester tremblotant et les bords se décoller tout seuls ;) Attendez tout de même une petite heure pour le démouler.

8. Placez-le dans une boîte hermétique dans le réfrigérateur. Patientez encore 12 h avant de pouvoir le déguster, il a besoin de temps pour se raffermir.

Dominique, concocteuse des écrins de vos cookies préférés !

Dominique a trouvé LE moule parfait !

Intérieur très TRèS fondant garanti ;)

POURQUOI NE FAUT-IL PAS LAISSER LES JAUNES D'ŒUFS ET LE SUCRE EN CONTACT ?

Le sucre risque de cuire les jaunes. Enfin, il ne les cuit pas à proprement parler mais dénature les protéines. En clair ? Il faut garder en tête que le sucre, une fois en contact avec les œufs, va absorber une partie de l'humidité du jaune d'œuf. Une couche épaisse et grumeleuse risque de se former et de rendre moins lisse votre préparation. Difficile à défaire par la suite ! Pour l'éviter ? Mélangez rapidement le sucre avec les œufs.

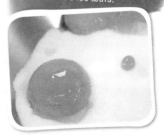

À regarder sur votre petit écran pour occuper les 12 prochaines heures

(si les options rando / dodo / boulot / sorties avec les potos ne vous tentent pas trop)

5 rimes en 15 mots, pas mal, non ? ;)

✳ L'intégralité du *Seigneur des anneaux*, avec 37 min de rab, ce qui vous permet de regarder TOUS les génériques en entier

✳ 32 épisodes de *Friends*

✳ Vos 8 Walt Disney préférés

✳ Une douce compilation de films de Noël : *Love Actually*, *Maman j'ai raté l'avion*, *L'Étrange Noël de Monsieur Jack*, *le Père Noël est une ordure*, *Hyper Noël*, *Beethoven* (oui, il passe toujours à cette période de l'année), *Grinch*, *The Holiday*

conditions requises : être installé(e) sous un gros plaid, avec un thé brûlant ou un chocolat chaud, un paquet de mouchoirs (on n'est jamais trop prudent)

Le gâteau au chocolat **FONDANT**

17. le gâteau au chocolat fondant
À LA COCOTTE

← Objectif ? Une texture humide et fondante !

250 g de chocolat noir 70 % de cacao

250 g de sucre roux de canne

250 g de beurre

4 œufs

25 g de farine

75 cl d'eau

0. Pesez vos ingrédients et jetez un œil à l'intégralité de la recette avant de vous lancer.

1. Faites fondre dans une casserole à feu doux le chocolat coupé en morceaux avec le sucre. Remuez pour obtenir un mélange homogène. Vous apercevez encore des grains de sucre ? *Ne criez pas, c'est normal. Le sucre ne se dissout pas totalement. Tout est sous contrôle ;)* Laissez tiédir hors du feu.

2. Prenez 2 min pour vous souvenir d'un doux moment qui a marqué votre semaine passée. Si, si, il y a forcément quelque chose. Ah, vous voyez ;) Pensez-y très fort et gardez en vous ces ondes positives pour toute la journée.

3. Revenons à notre préparation. Incorporez le beurre coupé en morceaux, les œufs battus au préalable, puis votre farine tamisée. Mélangez le tout énergiquement avec votre maryse.

4. Atelier bricolage ;) Tapissez de papier d'aluminium votre moule à manqué. Versez-y votre pâte. Recouvrez avec une nouvelle feuille de papier d'aluminium et fixez-la avec de la ficelle de cuisine. *Vous n'en avez pas ? Pas de panique, c'est l'occasion d'aller sonner chez votre voisin et de l'inviter pour le dessert ;)* En tout cas, ne sautez pas cette étape : le fil joue un rôle essentiel. Il empêche le papier de bouger pendant la cuisson et l'eau de trop s'infiltrer.

5. Versez 75 cL d'eau au fond de votre cocotte fétiche. Déposez-y soigneusement le panier à vapeur, puis votre moule empaqueté ;) Regardez-le bien une dernière fois dans cet état, vous serez impressionné(e) du résultat. Fermez la cocotte !

6. Enclenchez la soupape sur la position 1 et allumez le feu puissance maximale. Vous avez un peu de temps devant vous. Karaoké pendant la vaisselle ? Sirotage de citronnade ? Poirier sur le balcon ? Quoi qu'il en soit, ne vous éloignez pas trop. Dès que vous entendez la soupape siffloter, baissez le feu et laissez cuire 50 min.

7. C'est prêt ? Équipez-vous pour sortir le moule de la cocotte, ne vous brûlez pas. Servez-vous de la ficelle pour extraire plus facilement votre gâteau ;)

8. Laissez-le bien refroidir puis placez-le ensuite au réfrigérateur pendant 2 h.

PATIENCE, il se déguste froid !

Le gâteau au chocolat **FONDANT**

votre cocotte-minute

LES CONSEILS
de Fanny

✳ Vous pouvez plonger votre moule dans l'eau froide quand vous le sortez de la cocotte. Il refroidira plus vite ;)

✳ Démoulez le gâteau pile poil au moment de le servir !

grande chef de nos recettes aux 4 coins de la planète !

de la ficelle

texture fondante et très ferme !

aucune croûte !

POURQUOI NE PAS METTRE UNE PRÉPARATION ENCORE CHAUDE AU RÉFRIGÉRATEUR ?

La chaleur, dans un réfrigérateur, va entraîner un effet de condensation. La température du réfrigérateur va augmenter. La bonne conservation des aliments est compromise ! Laissez donc refroidir vos préparations à température ambiante.

Le gâteau au chocolat
FONDANT

6  10 min 12 min 25 cm

18. le gâteau fondant au
CHOCOLAT D'ORIGINE

200 g
de chocolat noir
d'origine Équateur

180 g
de beurre

100 g
de sucre roux

75 g
de farine

2 pincées
de fleur de sel

4 œufs

Vous sentez cette délicieuse odeur ?

0. Préchauffez votre four à 180 °C.

1. Commencez par faire fondre au bain-marie votre chocolat et votre beurre, tous les 2 coupés en morceaux.

2. Assemblez vos 3 matières sèches : sucre roux, farine, fleur de sel. N'oubliez rien ;) *La fleur de sel fera toute la différence.*

3. Ajoutez vos œufs à la préparation et mélangez jusqu'à obtenir une préparation lisse et homogène.

4. Ajoutez-y enfin votre préparation chocolat + beurre et mélangez à nouveau.

5. Hop, versez soigneusement le tout dans un moule à cake préalablement beurré. Servez-vous de votre maryse fétiche pour ne pas en laisser une goutte (*ou alors une toute petite pour au moins pouvoir goûter cette pâte délicieuse*).

6. C'est parti pour 12 min au four à 180 °C.

Le chocolat d'Équateur est vraiment typé, avec des notes amères, fruitées et fleuries. Fermez les yeux. Sentez l'orange et le jasmin. Allez, autorisez-vous un petit bout de chocolat pour nous confirmer tout ça. Et laissez tiédir votre préparation.

QUITO
ECUADOR

Marina, diplômée du CAP pâtissier – promo 2018, et concocteuse de cookies au chocolat d'origine ;) Goûtez-les !

Aaah, c'est **vraiment** une belle journée !

Le gâteau au chocolat
FONDANT

LES TEMPÉRATURES DE COAGULATION

Quand on chauffe un œuf, entier ou non, on observe que **le liquide devient solide.** On dit que l'œuf coagule. Il commence à coaguler vers 60°C (62°C pour le blanc, 68°C pour le jaune).

Et si on ajoute du sucre aux œufs ? Les molécules de sucre vont entourer les protéines de l'œuf, ce qui va en quelque sorte lui créer un bouclier de protection à la chaleur. La température de coagulation est donc plus élevée. Plus il y a de sucre, moins les protéines seront coagulées et moins le gâteau sera ferme.

Et si on ajoute de l'acidité, un yaourt ou du citron par exemple ? C'est l'effet inverse ! La température de coagulation baisse.

protéines de l'œuf + = coagulation

avec du sucre + = coagulation ralentie

avec du citron + = coagulation accélérée !

WAOUH!

POWER!

VIVEZ AVEC PASSION !

PÉPITE

VOUS ÊTES BEAUX ;)

CACAO

Margaux heureuse de sonner la cloche ;)

la cloche du Beaufortain

le brownie p. 50

le rocher p. 52

48.

Le gâteau au chocolat CROQUANT

le 3 étages p. 54 ↗

✳ Ceci est un bananier. Saurez-vous retrouver celui
que l'on a dessiné et caché dans ce livre ? Oui ?
Appelez-nous vite au 06 27 38 12 04.
PS : on ne parle pas de celui tout en rose p. 78 ;)

19. le gâteau au chocolat croquant
BROWNIE

180 g
de noix de pécan

200 g
de chocolat noir
70 % de cacao

180 g
de beurre

3 œufs

entières ou concassées ↗
selon vos goûts

la forte quantité
de sucre apporte du
moelleux au gâteau ↘

100 g
de sucre

180 g
de cassonade

100 g
de crème
fraîche

110 g
de farine

la cassonade rend la texture plus croustillante ↗

0. Préchauffez votre four à 170 °C. Prêt(e) pour cette session pâtissière ?

1. Faites griller à sec les noix de pécan dans une poêle très chaude : les arômes se développent et les noix deviennent croustillantes.

2. Faites fondre votre chocolat au bain-marie puis ajoutez le beurre en morceaux et remettez le tout à fondre quelques instants. Mélangez pour que la préparation devienne homogène.

3. Fouettez ensemble les œufs, le sucre semoule et la cassonade. Le mélange blanchit ? Parfait. Vous avez suffisamment fouetté ;)

4. Incorporez cette préparation au mélange chocolat + beurre.

5. Ajoutez ensuite, et en mélangeant très bien à chaque fois, la crème fraîche, la farine puis les noix de pécan.

Petite pause juste pour profiter de l'instant présent, de cette bonne odeur de chocolat, de noix de pécan... Allez, c'est reparti !

6. Beurrez le moule carré et saupoudrez-le de cassonade pour renforcer le côté croustillant.

7. Versez la préparation dans le moule sur 3 cm d'épaisseur. Et hop ! Enfournez pour 33 min à 170 °C.

8. Démoulez et admirez : votre gâteau au chocolat est bien cuit partout ! La pâte gonfle peu car il n'y a pas de blanc en neige ni de levure et la crème fraîche alourdit l'appareil. Mais qu'est-ce que c'est bon ;)

QUE SE PASSE-T-IL LORS DE LA CUISSON D'UN GÂTEAU ?
2 phénomènes supersoniques !

Louis Camille Maillard,
médecin et chimiste

1. La pâte change de couleur et ses saveurs ainsi que les odeurs vont se modifier un chouïa. C'est principalement dû aux réactions de Maillard. À la chaleur, les protéines (gluten) et sucres (amidon) commencent à s'agiter et provoquent tout un tas de réactions chimiques. Ces réactions produisent un grand nombre de molécules très TRèS aromatisées, qui ajoutent de chouettes saveurs au plat en train de cuire.

chaleur   protéines   sucres

odeur et saveur
modifiées

+ brunissement

2. La pâte, à base de farine, durcit. L'eau ajoutée à la pâte va stimuler les molécules d'amidon, qui vont vite s'empresser d'engloutir toute l'eau disponible. La pâte est ainsi privée d'eau et devient dure.

molécules
d'amidon

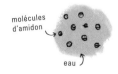

eau ↗

Privée d'eau, la
pâte se solidifie !

✳ Traditionnellement, on utilise un moule carré. Le principal dans cette recette est que la hauteur de l'appareil soit de 3 cm environ.

✳ Pour vérifier la cuisson, plantez une lame de couteau dans le brownie : elle doit ressortir légèrement collante.

✳ Vous pouvez remplacer les noix de pécan par des noisettes, des noix, des pistaches, des pignons... Laissez parler votre GOÛT ! Torréfiez-les pour qu'ils gardent leur croustillance.

Acheteuse supersonique et diplômée du CAP pâtissier – Promo 2018 !

2 textures waouh
1 croûte craquante, des inclusions croquantes

QUAND LES ŒUFS RENCONTRENT LE SUCRE...

Dans certaines recettes, une des 1res étapes consiste à fouetter très TRèS énergiquement les œufs avec le sucre, jusqu'à ce que le mélange blanchisse. D'ailleurs, on dit « blanchissez vos œufs ». L'objectif ? Éviter que le sucre ne « cuise » l'œuf (cf. p.43). Le mélange pâlit à cause del'air qui y est incorporé. Inutile de fouetter trop longtemps ;) L'idée est simplement de bien lier ces 2 ingrédients et d'obtenir un appareil homogène.

avant

après !

20. le gâteau au chocolat croquant
ROCHER

Pour le gâteau :

4 œufs

100 g
de sucre complet

50 g
de farine

50 g
de cacao
en poudre
↳ non sucré, bien meilleur ;)

75 g
de beurre

Pour le glaçage :

200 g
de chocolat noir
70 % de cacao

30 g
d'huile

40 g
de noisettes torréfiées
et concassées

patron des achats de nos
chouettes ingrédients
et diplômé du CAP
pâtissier – promo 2018 !

LE CONSEIL
de Louis

Vous pouvez remplacer les
noisettes par des pistaches,
des noix de pécan ou du pralin
en poudre. À vos tests ;)

*Ce que vous
faites est superbe.
Continuez.*

0. Pré-pesez ✳ tous vos ingrédients. Prenez le temps de lire la recette en entier pour vous éviter les mauvaises surprises ;) Préchauffez votre four à 150 °C.

1. Montez vos œufs entiers avec le sucre jusqu'à obtenir un magnifique « effet ruban ». Lorsque la pâte retombe du fouet, elle doit former un ruban dont la trace reste quelques instants à la surface de l'appareil. Vous avez un peu de temps devant vous pour attaquer le reste de la recette.

2. Assemblez, après les avoir tamisés, la farine et le cacao.

3. Faites fondre votre beurre. *Jetez un œil par la p. 12 pour être sûr(e) de vous.* Et quoi qu'il en soit, croyez en vous, toujours ;)

4. Vos œufs sont montés ? Parfait, vous êtes un(e) pro du chrono. Ajoutez-y votre mélange farine + cacao. Incorporez-le délicatement à la maryse, en mélangeant de l'intérieur vers l'extérieur. Travaillez toujours bien en face de votre récipient, sans vous contorsionner. C'est simple : votre main droite mélange la pâte, tandis que votre main gauche fait tourner le récipient. Et inversement pour les gauchers ;) ATTENTION, chaque geste doit être utile. Ne mélangez pas trop longtemps, sinon votre pâte va petit à petit perdre en volume.

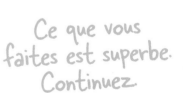

* Découverte faite le mardi 26 juin : "pré-peser" n'est pas valable au Scrabble® ! Vous pouvez tenter le

Le "programme" "repeser". D'ailleurs, n'hésitez pas à faire de même avec vos ingrédients ;) On n'est jamais trop prudent(e) !

Le gâteau au chocolat
CROQUANT

5. Versez 2 cuillères à soupe de votre préparation dans le beurre fondu. Mélangez bien et réincorporez le tout à la préparation, toujours avec votre maryse supersonique. Votre mélange doit être PAR-FAI-TE-MENT homogène.

6. Versez la pâte dans votre moule à manqué beurré **et hop !** Enfournez 30 min à 150 °C.

Le secret pour manipuler un gâteau sans le casser ? Une spatule !

7. C'est prêt ? Démoulez-le en le retournant sur une grille puis glissez-le sur une assiette, laissez-le refroidir complètement. Vous pouvez le déposer au réfrigérateur quand il n'est plus trop chaud. Vous avez 15 min au moins devant vous pour nettoyer votre plan de travail ;)

8. On passe au glaçage ! Faites fondre au bain-marie le chocolat coupé en morceaux, puis ajoutez 30 g d'huile. Mélangez bien.

9. Ajoutez vos noisettes torréfiées et mélangez. Votre glaçage est prêt !

10. Versez le tout sur votre gâteau refroidi. Étalez avec une spatule pour répartir uniformément votre glaçage magnifique ! N'ayez pas peur, ça ne laissera aucune trace ;)

11. Et maintenant, à vous de choisir : vous pouvez le déguster avec un glaçage encore chaud ou le laisser figer quelques heures si vous êtes assez patient(e) !

Pensez à placer un papier sulfurisé sous votre grille pour récupérer le chocolat ;)

Petites pépites de noisette très TRèS croquantes

Le gâteau au chocolat CROQUANT

10   30 min   15 min   5 cercles à entremets Ø env. 6 cm

21. le gâteau au chocolat croquant
3 ÉTAGES

Pour le fondant :

80 g
de chocolat noir
50 % de cacao

60 g
de beurre

1 œuf

60 g
de sucre roux
de canne

60 g
de farine

1 pincée
de fleur de sel

Pour le cookie :

180 g
de farine

7 g
de levure

2 pincées
de fleur de sel

150 g
de sucre roux
de canne

1 œuf

120 g
de beurre

160 g
de chocolat noir
70 % de cacao

40 g
de noisettes
torréfiées

Recette à 4 mains, à concocter avec ♥ en binôme.

Eliot prépare
le fondant : foncez
voir la recette p. 38 !

Margaux s'attaque à
la pâte à cookies !

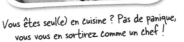

*Vous êtes seul(e) en cuisine ? Pas de panique,
vous vous en sortirez comme un chef !*

0. Préchauffez votre four à 180 °C.
Pesez tous vos ingrédients. C'est parti !

1. Confiez à votre binôme la partie « fondant ». RDV
p. 38 pour suivre la recette jusqu'au point 4 inclus.

2. À vous de jouer pour la pâte à cookies.
Commencez par couper votre chocolat en
petits morceaux et vos noisettes en 4.

3. Tamisez la farine et la levure. Ajoutez
le sucre roux, le sel et mélangez.

4. Ajoutez l'œuf entier battu et le beurre pommade ♥
en morceaux. **Attention, prochaine étape régressive ;)**

5. Avec vos douces mains ULTRA propres,
mélangez le tout jusqu'à ce que le beurre
soit complètement incorporé.

6. Ajoutez le chocolat et les noisettes.
Pétrissez avec amour. Quel bonheur !

7. Vos préparations pour le fondant et les cookies
sont prêtes ? **BRAVO !** Beurrez vos cercles.
La partie la plus amusante commence : la
construction de vos 3 étages supersoniques ;)

8. Pesez votre pâte à cookies et formez
10 boules de poids identique. Aplatissez-les.
L'épaisseur est de 1 cm environ. Déposez
5 disques de cookies au fond de vos 5 moules.

*Chaque gâteau est
pour 2 gourmands*

9. Disposez ensuite environ 50 g
de fondant, lissez-bien. **Respirez !**

10. Déposez votre 2ᵉ disque de pâte à cookies
et recouvrez le fondant avec. MA-GNI-FIQUE !

11. Enfournez 15 min à 180 °C et…
dégustez. Alors ces « fonkies » ? ;)

le gâteau au chocolat
CROQUANT

vos pépites ultra intenses ↓

votre pâte à cookies ↘

vos noisettes très TRÈS croquantes ↘

et hop ! Pétrissage réussi ↘

pesez votre pâte ! ↗

votre incroyable cercle ↘

1er étage

versez votre chouette fondant ! ↓

2e étage

3e étage !

LES CONSEILS
de Maëla

Il vous reste un chouïa de pâte de l'un ou de l'autre ? Pas de panique. Façonnez des cookies, posez-les sur la plaque. Déposez votre pâte à fondant dans un ramequin et faites-les cuire en même temps. Parfait pour la pause goûter de demain !

...cteuse d'œuvres d'art, de ce ...e notamment et diplômée du ...AP pâtissier – promo 2015 !

C'est fou !

Et c'est vous qui l'avez fait ;)

Dorothée, grande chef des recettes, diplômée du CAP pâtissier – Promo 2014

Notre incroyable mousse p. 62

Arthur, distributeur de nos petits carrés dans votre magasin préféré et diplômé du CAP pâtissier – Promo 2017

CONCOCTÉE AVEC AMOUR !

Elody

FAITES L'AMOUR PAS LA MOUSSE

Le soufflé p. 64

Elody, grande manitou de nos écrins, diplômée du CAP pâtissier – Promo 2016

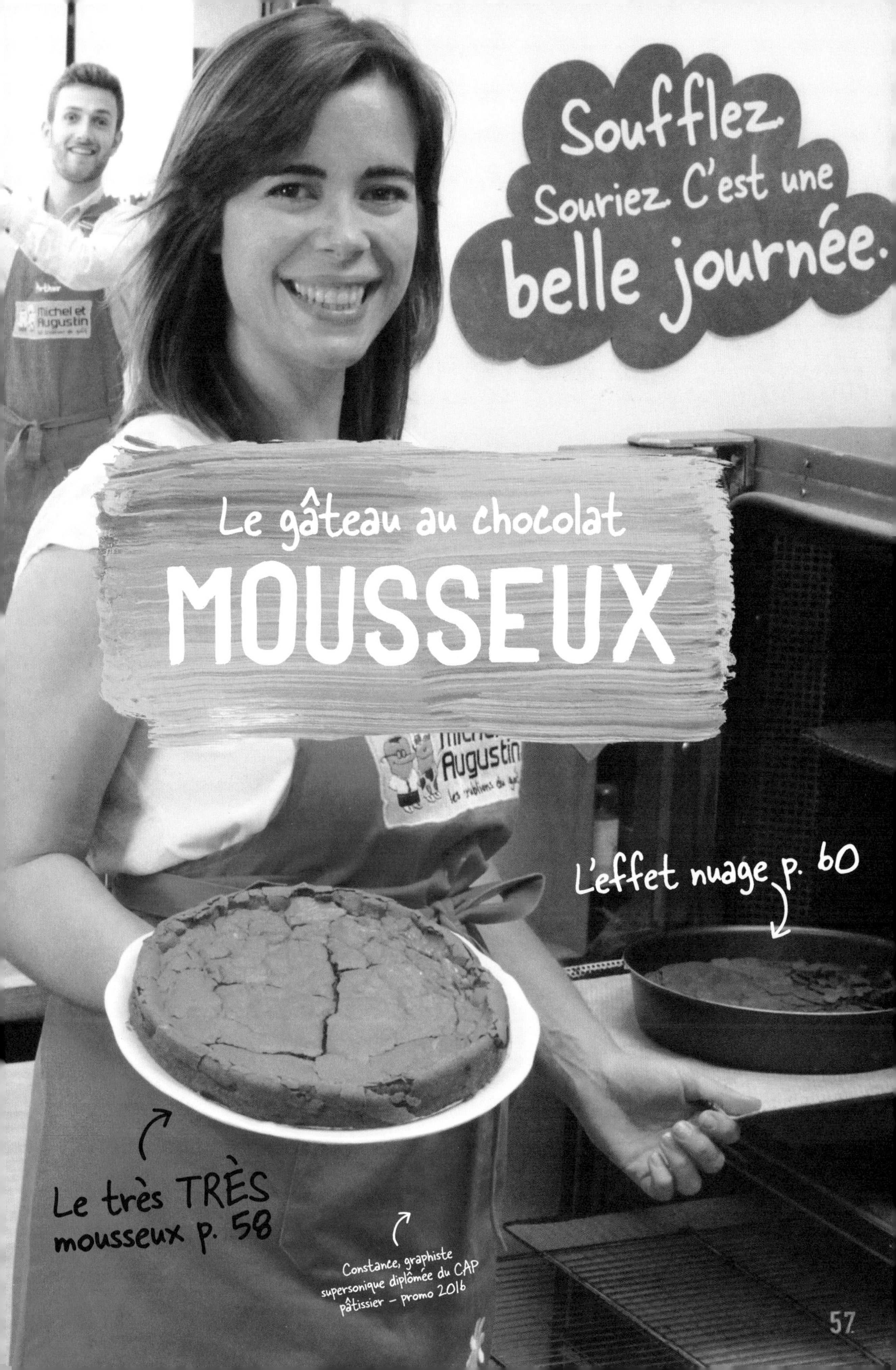

Soufflez. Souriez. C'est une belle journée.

Le gâteau au chocolat

MOUSSEUX

L'effet nuage p. 60

Le très TRÈS mousseux p. 58

Constance, graphiste supersonique diplômée du CAP pâtissier – promo 2016

 6    25 min   25 min   Zzᶻz 30 min   Ø 25 cm   papier sulfurisé

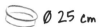
22. le gâteau au chocolat mousseux

TRÈS MOUSSEUX

300 g
de chocolat noir
70 % de cacao

125 g
de beurre

6 œufs

125 g
de sucre

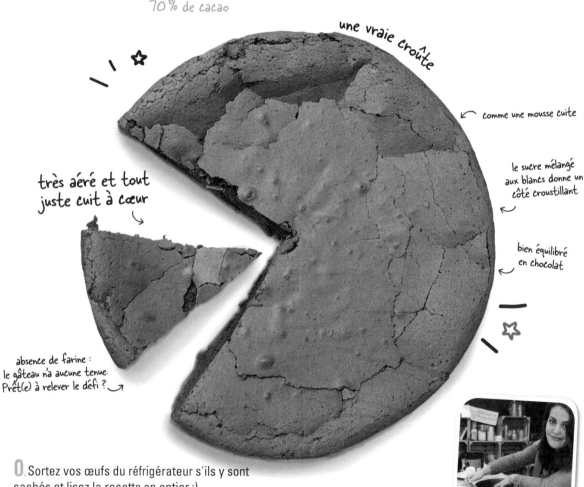

une vraie croûte

comme une mousse cuite

le sucre mélangé
aux blancs donne un
côté croustillant

bien équilibré
en chocolat

très aéré et tout
juste cuit à cœur

absence de farine :
le gâteau n'a aucune tenue.
Prêt(e) à relever le défi ?

0. Sortez vos œufs du réfrigérateur s'ils y sont
cachés et lisez la recette en entier ;)

1. Choisissez un moule à manqué de 25 cm de diamètre et beurrez-le.
Découpez un cercle de papier sulfurisé et placez-le au fond du moule.

2. Faites fondre votre chocolat au bain-marie.
Ajoutez le beurre et remettez à fondre. Mélangez bien
pour rendre la préparation homogène et laissez tiédir.

N'oubliez pas de
retourner votre feuille
de papier pour éviter
les traces de stylo
sur votre gâteau ;)

Le gâteau au chocolat
MOUSSEUX

Ceci est un bec d'oiseau ;)

3. Préchauffez votre four à 210 °C. ← Plus le four est chaud, plus la croûte du gâteau sera craquante.

4. Clarifiez♥ vos œufs. Fouettez les jaunes en omelette jusqu'à ce que le mélange blanchisse. *Vive vous* !

5. Montez les blancs en neige comme un vrai pâtissier. Quand vous apercevez la trace du fouet dans le blanc, ajoutez le sucre en pluie et continuez de battre à la même vitesse jusqu'à obtention d'une mousse brillante, souple et ferme. Elle ne doit pas être cassante. *Vous obtenez un beau bec d'oiseau* ♥ ? C'est prêt, vous venez de réaliser une meringue.

6. Vérifiez la température de votre chocolat en y plongeant un doigt. C'est tout juste tiède ? Parfait. Vos jaunes d'œufs n'y coaguleront pas. Ajoutez-les en tout petit filet et mélangez avec votre maryse. *Et n'oubliez pas de vous rincer le doigt ;)*

7. Incorporez délicatement votre meringue au mélange chocolaté en soulevant avec une maryse.

8. Versez la préparation dans le moule. L'appareil est visqueux et va garder des aspérités en surface. *Pas de panique, c'est normal.* Utilisez une spatule si nécessaire pour lisser le gâteau !

le MEILLEUR moment !

9. Enfournez et baissez tout de suite le four à 150 °C. Un four très chaud permet de saisir le gâteau, c'est à dire de former très vite une croûte qui servira de couvercle à la pâte et permettra de garder la texture moelleuse. Laissez cuire 25 min. *Pas une de plus pour un cœur tendre* ! Bien joué. Il n'y a plus qu'à patienter.

10. Laissez reposer 30 min et démoulez. Ôtez le papier sulfurisé et retournez votre gâteau sur votre assiette de présentation préférée.

Texture surprenante GA-RAN-TIE ;)

11. Vous pouvez le déguster tout de suite ou le mettre au réfrigérateur 1 h minimum pour avoir un effet « truffé ».

À QUOI SERT LE SUCRE DANS LES BLANCS EN NEIGE ?

Le sucre a 2 rôles supersoniques :
1/ *Le sucre entoure les protéines* contenues dans les blancs, les empêchant de trop se lier les unes aux autres. Concrètement ? Les blancs en neige mettent un chouïa plus de temps à se former, il faut donc les fouetter plus longtemps, ce qui permet de créer des bulles d'air plus fines et plus stables. Les blancs et le sucre se transforment ainsi en meringue, une préparation plus solide et stable.

2/ Le sucre est HY-GRO-SCO-PIQUE. Il attire l'eau des blancs et aide à la retenir dans la mousse plutôt que de s'écouler vers le fond du bol (merci la gravité). La mousse reste donc humide et souple plus longtemps.

Soirée mousse

le sucre attire l'eau des blancs !

gouttes d'eau pressées de rentrer dans la mousse

LES CONSEILS
de Sonya

✱ La taille du moule est ici très importante car le gâteau ne pourra être tendre au cœur que si l'on respecte le couple température / hauteur de pâte à gâteau.

✱ Pour effacer le côté amer du chocolat, vous pouvez substituer 200 g de chocolat à 70 % de cacao par du chocolat à 50 % de cacao sans modifier la quantité de sucre.

Grande chef de l'approvisionnement des cookies et diplômée du CAP pâtissier – promo 2010 !

Le gâteau au chocolat
MOUSSEUX

6  25 min 🌰 30 min ZzZz 10 min 🥧 ∅ 25 cm

23. le gâteau au chocolat mousseux
EFFET NUAGE

175 g
de chocolat noir
70 % de cacao

135 g
de beurre

20 g
de cacao
en poudre

non sucré c'est
meilleur, promis ;)

20 g
de farine

5 œufs

110 g
de sucre

0. Préchauffez votre four à 170 °C.
Préparez votre plan de travail
avec tous les ingrédients ! **C'est parti.**

1. Faites fondre votre chocolat et votre beurre
coupés en morceaux au bain-marie. Mélangez bien
pour obtenir une préparation lisse et homogène.
Laissez tiédir dans un coin de votre cuisine.

2. Tamisez ensemble la farine et le cacao. Ajoutez-les à
la préparation chocolat + beurre à l'aide de votre cuillère
en bois ou spatule préférée et mélangez bien.

3. Clarifiez♥ vos œufs. Battez vos jaunes.

4. Montez les blancs en neige. Dès que vous apercevez la trace
du fouet dans les blancs, ajoutez le sucre en fine pluie. Vous
êtes en train de concocter une meringue, lisse et ferme ;)

5. Vos blancs forment un bec d'oiseau ?
PAR-FAIT ! Votre meringue est prête. Incorporez-y les
jaunes à l'aide d'une maryse. *Soyez délicat(e) ;)*

6. Ajoutez ensuite en 3 fois cette préparation au mélange
chocolaté, toujours avec votre maryse préférée, tout en évitant de
faire retomber les blancs. *Jetez un œil p. 13 pour ne pas les casser ;)*

7. Beurrez votre moule et versez-y votre préparation.
Zou, directement au four pour 30 min à 170 °C.

8. ATTENTION, ce gâteau se démoule 10 min après
sa sortie du four, sinon vous risquez d'avoir des
surprises ;) Testé et désapprouvé par la tribu.

← À déguster
très TRÈS vite !

COMMENT OBTIENT-ON UNE MOUSSE STAB[LE] À PARTIR DE BLANCS D'ŒUFS ?

Avez-vous déjà observé la différence entre
fouetter de l'eau et fouetter un blanc d'œuf ?
Dans de l'eau pure, les bulles formées vont
disparaître instantanément. Avec des blancs
d'œufs, les bulles d'air formées sont stables,
c'est-à-dire qu'elles ne disparaissent pas.

Quelle différence ? *Le blanc d'œuf est fait
d'eau ET de protéines,* dont l'ovomucine et
la conalbumine, qui vont structurer l'émulsion.
Ces protéines sont comme des pelotes de
laine, repliées sur elles-mêmes. Quand on
fouette le blanc, le fouet déroule les pelotes,
qui vont se lier à l'eau et à l'air et créer un
réseau mousseux stable : les blancs en neige.

N'oubliez pas : lors du battage, petit à petit, le
fouet qui introduit les bulles va diviser celles qui
sont déjà présentes. Cela stabilise les bulles.
Donc plus vous fouettez votre mousse, plus elle
sera stable. Attention à ne pas la fouetter trop
longtemps non plus (cf. p. 13). Et favorisez une
vitesse lente puis moyenne plutôt que trop rapide !
Vos bulles seront plus petites, plus nombreuses
et plus stables et n'éclateront pas à la cuisson.

Plus on fouette,
plus les bulles sont
fines et stables !

Le gâteau au chocolat
MOUSSEUX

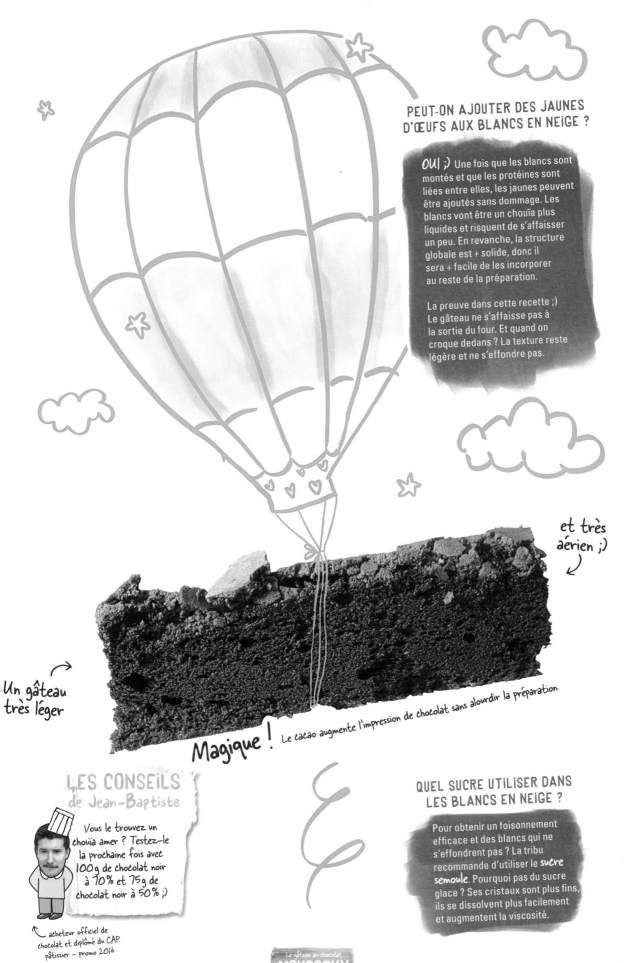

PEUT-ON AJOUTER DES JAUNES D'ŒUFS AUX BLANCS EN NEIGE ?

OUI ;) Une fois que les blancs sont montés et que les protéines sont liées entre elles, les jaunes peuvent être ajoutés sans dommage. Les blancs vont être un chouïa plus liquides et risquent de s'affaisser un peu. En revanche, la structure globale est + solide, donc il sera + facile de les incorporer au reste de la préparation.

La preuve dans cette recette ;) Le gâteau ne s'affaisse pas à la sortie du four. Et quand on croque dedans ? La texture reste légère et ne s'effondre pas.

et très aérien ;)

Un gâteau très léger

Magique ! Le cacao augmente l'impression de chocolat sans alourdir la préparation.

LES CONSEILS de Jean-Baptiste

Vous le trouvez un chouïa amer ? Testez-le la prochaine fois avec 100 g de chocolat noir à 70 % et 75 g de chocolat noir à 50 % ;)

acheteur officiel de chocolat et diplômé du CAP pâtissier – promo 2016

QUEL SUCRE UTILISER DANS LES BLANCS EN NEIGE ?

Pour obtenir un foisonnement efficace et des blancs qui ne s'effondrent pas ? La tribu recommande d'utiliser le **sucre semoule**. Pourquoi pas du sucre glace ? Ses cristaux sont plus fins, ils se dissolvent plus facilement et augmentent la viscosité.

Le gâteau au chocolat
MOUSSEUX

6 25 min ❄ 12 h ☕ 1 grand et joli pot

24. LA MOUSSE AU CHOCOLAT
de Michel et Augustin ;)

↖ rien à voir avec le schmilblick ! ♥

200 g
de chocolat noir
70 % de cacao

100 g
de beurre

7 blancs d'œufs
2 jaunes d'œufs

60 g
de sucre

2 pincées
de fleur
de sel

1. Lancez-vous, vous ne le regretterez pas ! Faites fondre votre chocolat noir INTENSE au bain-marie.

2. Hop, retirez du feu. Ajoutez votre beurre frais coupé en morceaux. Mélangez-le à votre chocolat pour obtenir une texture brillante et lisse. Soyez délicat.

3. Étape technique. À vous de jouer. Clarifiez♥ vos œufs. Montez les blancs en neige en ajoutant le sucre à mi-parcours. Ils doivent être très souples et lisses. Faites faire le poirier à votre saladier✳ ! Vos blancs ne bougent pas ? C'est prêt.

4. Ajoutez vos jaunes d'œufs en filet très TRèS fin à la préparation chocolat + beurre. Mélangez énergiquement avec votre cuillère en bois préférée en décrivant de petits cercles. Pensez à respirer.

5. Attention. Étape décisive dans la recette de notre incroyable mousse au chocolat noir. Incorporez votre préparation en 2 temps dans les blancs montés et mélangez délicatement de l'intérieur vers l'extérieur avec votre maryse. Bravo, vive vous !

6. Versez dans votre joli pot et réservez au frais 12 h. C'est tout !

QUE FAIRE POUR ÉVITER QUE LES ŒUFS NE COAGULENT ?

1/ Attendez TOUJOURS que le chocolat et le beurre fondus aient refroidi avant d'incorporer vos jaunes d'œufs ;)
En fait, l'œuf est constitué de protéines roulées sur elles-mêmes (imaginez des pelotes de laine). Lorsqu'on chauffe le mélange à base d'œufs ou qu'on y ajoute un élément chaud, les pelotes vont se dérouler, l'eau va s'évaporer et hop, les pelotes vont se lier entre elles et former un réseau rigide. En clair ? Au contact de la chaleur, l'œuf va durcir la préparation. On dit qu'elle coagule. Et si on ajoute des œufs à un appareil trop chaud ? La masse va devenir compacte et perdre en légèreté. Le conseil de la tribu ? Attendez que la température descende à moins de 40 °C. Patience. Sirotez une citronnade entre-temps ;)

2/ Dans un gâteau cuit, vous pouvez aussi ajouter de l'amidon à votre préparation, sous forme de farine ou de fécule (de pomme de terre ou de maïs). Magique, les molécules de l'amidon bloquent l'agrégation des protéines de l'œuf.

✳ Élise, pépite de la com, tente le poirier. Mission accomplie ! →

Le gâteau au chocolat
MOUSSEUX

Attention, très TRÈS bon ;)

QUI VEUT FAIRE LA MOUSSE?

AVEC NOUS ;)

Michel, Augustin et la tribu

Diplômés du CAP pâtissier (ou en devenir, sauf Augustin qui est boulanger)

♥ Psssst ! On a eu beau retourner ça dans TOUS les sens, chercher la définition officielle du mot "gâteau", faire des sondages à la Bananeraie, demander l'avis de la femme de Michel... Vous avez raison. La mousse n'est pas un gâteau. Mais impossible d'imaginer notre livre sans la recette de notre INCROYABLE mousse au chocolat ! "Finalement c'est un peu un gâteau sans cuisson, non ?";) Arrêtons de nous chercher des excuses. Concoctez-la, goûtez-la... elle est DINGUE, ça justifie tout.

Le gâteau au chocolat
MOUSSEUX

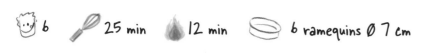

25. le gâteau au chocolat mousseux
SOUFFLÉ

| 250 g de chocolat noir 70 % de cacao | 6 œufs | 25 g + 125 g de sucre | du beurre pour les ramequins | un peu de cacao pour saupoudrer |

non sucré, bien meilleur ;)

trop tôt...

parfait !

trop tard ;)

64.

0. Prenez le temps de peser tous vos ingrédients et de lire la recette en entier.

1. Faites fondre le chocolat coupé en morceaux au bain-marie. Laissez tiédir.

2. Clarifiez° vos œufs. D'un côté, fouettez les 4 jaunes avec 25 g de sucre. Le mélange doit blanchir et quasi doubler de volume. Prêt(e) à agiter votre fouet ? ;)

3. De l'autre côté, montez vos 6 blancs en neige. Quand vous apercevez la trace du fouet dans les blancs, ajoutez les 125 g de sucre restants en fine pluie. Augmentez progressivement la vitesse du fouet. Continuez à battre jusqu'à ce que la préparation soit ferme et brillante.

4. C'est le moment idéal pour préchauffer votre four, à 210 °C. Profitez-en aussi pour :
1/ sourire,
2/ beurrer 6 ramequins de 7 cm de diamètre.

5. Opération délicate. N'oubliez pas de respirer. Incorporez délicatement les jaunes blanchis dans le chocolat fondu. Mélangez énergiquement avec une spatule. Pas de panique si vous obtenez une texture un chouïa compacte. C'est normal. Ne lâchez rien ;) Ajoutez ensuite ⅓ des blancs en neige, toujours à l'aide de votre spatule. Mélangez du bas vers le haut, sans casser les blancs. La préparation est lisse ? Incorporez le reste des blancs. Mélangez bien.

6. Vive vous ! Il vous reste à verser la préparation dans les ramequins. C'est parti !
Au four à 210 °C pendant 12 min pile poil de vache.

7. À la sortie, saupoudrez de cacao et servez aussitôt ! Verdict ?

Ne le répétez pas : Eliot a recommencé 3× ses pesées. Équipez-vous d'une balance fiable et de piles en pleine forme ;)

POURQUOI LE GÂTEAU GONFLE ?

Dans le four, 2 réactions se produisent simultanément : le gonflement et la cuisson.

1. Contrairement à ce que l'on croit souvent, ce n'est pas tellement l'air qui fait lever le gâteau, mais plutôt l'eau. L'eau, pendant la cuisson, se transforme en vapeur et occupe un plus grand volume.

2. Parallèlement, les protéines des œufs coagulent.

Petite subtilité : la vitesse de formation de vapeur et celle de durcissement n'est pas exactement la même. La formation de vapeur va plus vite. Donc les bulles grossissent et le réseau mousseux a le temps de s'étendre avant que la structure ne devienne rigide. Concrètement ? Le gâteau lèvera tant que les protéines des œufs n'auront pas 100 % coagulé.

POURQUOI LE GÂTEAU DÉGONFLE-T-IL UNE FOIS SORTI DU FOUR ?

la vapeur d'eau...

... se condense !

À la sortie du four, le gâteau refroidit, la vapeur qu'il contient se condense, redevient liquide et occupe moins de volume : il arrive donc que le gâteau se dégonfle. Rassurez-vous : un gâteau bien cuit ne s'affaisse pas ;) Eh oui, la cuisson à forte température fige le réseau protéique, qui joue le rôle de ciment et va permettre au gâteau de garder son état gonflé, même à la sortie du four.

À noter sur votre main gauche : un gâteau qui est cuit dans un four très TRÈS chaud (+ de 220 °C) tombe plus rapidement à la sortie du four qu'un gâteau qui cuit à température + modérée. La vapeur se forme trop rapidement, exerce une pression sur les bulles et hop, elles éclatent !

LES CONSEILS d'Eliot

❋ Pour des soufflés encore + WAOUH ? Préparez-les 1 à 2h avant le repas. Placez les ramequins avec la préparation au congélateur. Sortez-les 15 min avant de les enfourner 14 min (oui, oui, 2 min de plus).

❋ Vous pouvez également y incorporer des copeaux de chocolat pour une texture + croustillante. Prélevez alors 50 g de copeaux sur la tablette de chocolat à t° ambiante, faites fondre au bain-marie les 200 g de chocolat restants, suivez ensuite la recette et ajoutez les copeaux à votre préparation après avoir incorporé vos blancs ;)

chef de la livraison des cookies

Le gâteau au chocolat MOUSSEUX

Devinez qui fait le poirier !
Vous avez la réponse ? BRAVO,
vous avez le don du bananier !
Appelez-nous au
06 27 38 12 04

Michel et Augustin
les trublions du goût

Power !

Alina, pardon pour t'avoir
coupée à la page 15. Tu tenais
le cake tendre à merveille ;)

Alina

Mathilde, patronne de la qualité, a décidé de faire partie de la promo 2019 du CAP pâtissier !

Tout pour

BRiLLER

Ces pages ont été relues avec attention par Marina, Marion, Delphine, Dorothée, Élisabeth et Mathilde, les GRANDES chefs de nos recettes. MERCI à elles !

au Trivial Pursuit®

et dans la vie ;)

LE CHOCOLAT

SA DÉFINITION

très TRèS officielle ;)

Le chocolat est cet INCROYABLE ingrédient obtenu à partir d'un **mélange de pâte de cacao et de sucre**. On peut y ajouter du beurre de cacao, des lécithines, des arômes et de la poudre de lait.

SA CHOUETTE COMPOSITION

Oui le chocolat est un ingrédient très riche en glucides et en lipides. Mais pas de panique ! Il est aussi composé de nutriments sains : des graisses insaturées et des glucides, sous forme d'amidon (sucre lent). Il contient aussi des fibres, des vitamines et des minéraux.
Si on prend l'exemple du **chocolat noir (70-85 %)** :

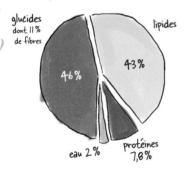

glucides dont 11 % de fibres : 46 %
lipides : 43 %
eau 2 %
protéines 7,8 %
minéraux < 1 %
(fer, potassium, magnésium, calcium, sodium, manganèse, cuivre)
vitamines < 1 %
(A, B1, B2, C, D, E)

SES ORIGINES

Le chocolat est fabriqué à partir de la **fève de cacao**. Au tout tout tout début, on pouvait dénicher ces fèves dans le golfe du Mexique. Le cacao était utilisé par les Mayas surtout pour ses vertus thérapeutiques. La tribu confirme. C'est bon pour le moral. Concrètement ?
Le **cacaoyer est un petit arbre** de 5 à 7 mètres de haut. Il pousse dans un climat tropical (chaud et humide). Au bout de 5 ans, danse de la joie ! Il donne ENFIN des fruits (environ 150 par an) appelés cabosses. Encore un chouïa de patience. La **cabosse** met 5 à 7 mois pour arriver à maturité et contient entre 25 et 45 graines appelées **fèves**, qui seront transformées en chocolat.

Fou ! En 2018 la tribu a concocté ses tout premie[rs] cookies aux chocolats d'origine: Mexique et Équateur. Envie de voyager ? Foncez p. 4[?]

cacaoyer

SA FABRICATION

Une fois les **cabosses mûres** récoltées, les fèves sont extraites. Elles sont ensuite fermentées, séchées, nettoyées, torréfiées, concassées puis broyées. On obtient la **pâte de cacao** (aussi appelée masse de cacao). Elle contient entre 50 et 60 % de matière grasse. Cette pâte est ensuite pressée pour obtenir 2 produits : **le beurre de cacao** (la partie liquide) et **la poudre de cacao** (la partie solide). En mélangeant la pâte de cacao avec du sucre, du beurre de cacao additionnel et éventuellement du lait en poudre, on obtient le chocolat. Il est ensuite malaxé, conché (étape très TRèS technique de brassage pour affiner la texture du chocolat et le rendre onctueux), tempéré puis moulé ;)

la récolte — l'écabossage — la fermentation — le séchage — la torréfaction — le concassage — le broyage — pâte de cacao — sucre — beurre de cacao — le mélange

SA CONSERVATION

Placez-le délicatement dans un endroit sec, à l'abri de la lumière. ATTENTION, ne le laissez JAMAIS au réfrigérateur. Il risquerait de blanchir à la suite du changement trop fort de température.

À GARDER EN TÊTE

* un chocolat à **forte** teneur en cacao rend les préparations **fermes**.

* un chocolat à **faible** teneur en cacao les rend souples.

*La question bonus : le chocolat fait-il grossir ? **Tout est une histoire de quantité, comme** BRILLER de Trivial Pursuit® toujours ;) Comme on dit à la Bananeraie: "Pour voir la vie en rose ? 1/ Mangez peu*

LES TYPES DE CHOCOLAT

Les 3 chocolats qu'on a toujours dans son placard (ou presque)

* Le chocolat noir : il contient au minimum 43 % de pâte de cacao, dont minimum 26 % de beurre de cacao et 14 % de cacao sec dégraissé.

* Le chocolat au lait : il contient au minimum 25 % de pâte de cacao (dont minimum 2,5 % de cacao sec dégraissé), 14 % de lait en poudre et 25 % de matières grasses (beurre de cacao + matière grasse lactique).

* Le chocolat blanc : accrochez-vous, il ne contient PAS de pâte de cacao, seulement du beurre de cacao, au minimum 20 %, et 14 % de lait en poudre.

* c'est le stabilisant du chocolat

pâte de cacao : cacao sec dégraissé + beurre de cacao | beurre de cacao ajouté | sucre | lécithine * + vanille

pâte de cacao : cacao sec dégraissé + beurre de cacao | beurre de cacao ajouté | lait en poudre | sucre | lécithine * + vanille

beurre de cacao | lait en poudre | sucre | lécithine * + vanille

BON À SAVOIR

Le % de cacao englobe la pâte de cacao et le beurre de cacao ajouté. Il peut varier de 20 à 100 %. ATTENTION ! Le % de cacao n'est donc pas révélateur de l'intensité du cacao. Tout dépend de la proportion entre la pâte de cacao et le beurre de cacao ajouté. Un chocolat à 70 % peut être + fort qu'un chocolat à 80 % s'il contient moins de matière grasse (donc de beurre de cacao). Donc en vrai de vrai, ce qu'il faut surtout regarder, c'est la matière sèche de cacao, la pâte de cacao SANS beurre de cacao ajouté. Fou, non ?

Les autres chocolats, un chouïa moins utilisés

* Le chocolat de couverture : il peut être noir ou au lait. Il est surtout utilisé par nos amis les chocolatiers et pâtissiers. Objectif ? Enrober leurs douces créations. Son petit + ? Il contient une proportion plus élevée de beurre de cacao (minimum 31 %), ce qui le rend très TRèS fluide et permet de réaliser un enrobage fin. Il est souvent vendu sous forme de pastilles.

* Le chocolat de laboratoire : aussi utilisé par les chocolatiers, il contient une très faible quantité de beurre de cacao. Il existe exclusivement sous la forme de chocolat noir et est parfait pour concocter des fourrages et ganaches.

* Le chocolat blond ou Dulcey : il contient 32 % de cacao. C'est un chocolat blanc caramélisé, chouette invention pas vraiment souhaitée de Frédéric Bau, cofondateur de Valrhona, qui oublia son chocolat sur le feu. Quelle belle surprise !

* Le chocolat rose ou rubis : pour le moment, les informations techniques sur ce chocolat restent confidentielles ;) Il a été imaginé par un géant suisse de la transformation du cacao, Barry Callebaut. Aucun colorant dans ce chocolat, la fève à l'origine est rose. Qui veut tester ?

* Le chocolat praliné : doux mélange d'une pâte de praliné et de chocolat au lait. À dénicher le plus souvent en inserts de bonbons au chocolat ou en tablette.

SES RÔLES MAGIQUES

Dans la vie

Il donne le POWER : la théobromine et la caféine à l'intérieur ont un effet ultra proche de l'adrénaline. Accrochez-vous ;)

Il procure beaucoup, BEAUCOUP de plaisir : eh oui, c'est prouvé, le chocolat est aphrodisiaque. Il contient – accrochez-vous – de la phényléthylamine, qui stimule la fabrication par le cerveau de dopamine. Croquez un bout et vous verrez. Hop, plaisir assuré !

Il fait rajeunir... ou presque ;) Disons qu'avec la vitamine E et les antioxydants qu'il contient, c'est presque aussi efficace que votre crème antivieillissement !

Il fait du bien à votre petit cœur : il limite le stress oxydant et donc les maladies cardio-vasculaires (on le précise là, maintenant : sous réserve de ne pas en ABUSER, bien sûr !).

Il détend : sous tous les aspects. Déjà, vos muscles vont se décontracter : soufflez, respirez, croquez un bout de chocolat et laissez faire « l'effet magnésium ». Ah, c'est une belle journée ! Et vous aussi, vous allez vous détendre et vous sentir BIEN. Il provoque en fait une sécrétion d'endorphine (proche de la morphine). Adieu manques d'affection, déceptions, stress, angoisse…

Il vous met dans un état... euphorique ! Ça reste entre nous. Le chocolat contient de l'anandamide (en très très petite quantité, donc pas de panique pour la suite de la phrase), qui a des effets comparables à ceux du… cannabis.

Michel n'en revient pas ;)

Dans la pâtisserie

Il donne de la saveur : le chocolat noir apporte du caractère et de l'amertume. Les chocolats au lait et blanc apportent de la douceur, de la rondeur et une note sucrée et lactée.

Il met de la couleur : il donne l'envie aux gourmands de croquer dans la pâtisserie.

Il joue sur les textures : il donne du volume, peut épaissir les préparations au contact de l'eau, ou les fluidifier. Il permet aussi un bon foisonnement, en emprisonnant l'air lorsqu'il est fouetté très TRèS fort et refroidi.

Il sublime vos chefs-d'œuvre : élément IN-DIS-PEN-SABLE pour décorer vos réalisations en concoctant des sculptures ou écrire un mot doux au cornet.

Comme dans notre mousse au chocolat ;)

le répéter 3 × d'affilée sans vous emmêler les pinceaux

Vous êtes beaux !

Michel, Augustine et la Fribu vous aime

L'ŒUF

SA DÉFINITION

L'œuf est le corps organique créé par les femelles ovipares avant d'être pondu. En pâtisserie, les œufs utilisés proviennent de la poule.

LES TYPES D'ŒUFS

Quand vous observez un œuf de près, vous pouvez dénicher sur la coquille des infos très TRèS officielles.

le pays d'origine

0 FR KKT5 DCR 29 12

l'établissement de ponte

date de consommation recommandée (DCR)

le code indiquant le mode d'élevage de nos chères poules.

0 agriculture biologique   1 plein air
2 au sol   3 en cage

SA TAILLE

œuf moyen   jaune   coquille   blanc

Dans ce livre, nous utiliserons des œufs moyens. Retenez tout de même qu'un petit œuf pèse entre 42 et 48 g, et un gros œuf entre 56 g et 63 g.

SA CONSERVATION

L'œuf entier → Vos œufs entiers doivent être conservés dans une pièce à température ambiante et constante. **L'été ?** Il vaut mieux les laisser au réfrigérateur. **Une fois battus ?** Vous pouvez les conserver au réfrigérateur 2 jours OU au congélateur 4 mois, dans un récipient très TRèS hermétique. **Astuce** : pour les décongeler, placez-les au réfrigérateur toute une nuit ou passez-les sous l'eau froide.

SA CHOUETTE COMPOSITION

COQUILLE

BLANC

protéines

eau

JAUNE

lipides

eau

protéines

germe
C'est le noyau de l'ovule. Un œuf destiné à la consommation n'est pas fécondé.

chambre à air
Plus elle grandit, moins l'œuf est frais. Plongé dans l'eau, il remonte alors à la surface !

chalazes
Ce sont les petits cordons qui maintiennent le jaune au centre de l'œuf.

eau 73%

protéines 13%

lipides 12%

glucides 1%

vitamines (A, B, D, E, K) < 1%

minéraux 1%

SES RÔLES MAGIQUES

L'œuf entier →
* il donne une **couleur dorée** aux préparations.
* il **lie les autres éléments de la recette entre eux**, grâce aux protéines qu'il contient, pour former une masse homogène.
* il **coagule** au moment de la cuisson et transforme ainsi les éléments liquides de la préparation en masse plus compacte.
* il permet l'**émulsion** des substances qui spontanément ne se mélangent pas, par exemple l'eau et l'huile, grâce à une action mécanique (mélange, agitation, etc.).

Le jaune → C'est un agent de saveur, de texture, de liaison, de coagulation et de coloration. Il contient de la lécithine, qui a un rôle d'émulsifiant.

Le blanc → Il contient de l'albumine, qui a la capacité de mousser, d'épaissir, de solidifier. Il coagule à 60°C, tout juste avant le jaune.

Dans la vie → On nous souffle discrètement que les œufs, riches en vitamine B, boostent le cerveau et permettent une meilleure mémorisation. Les protéines qu'ils contiennent favorisent également le bon développement des muscles, le renforcement de nos cheveux. Il paraîtrait même qu'ils améliorent notre vue.

Œufs de poules élevées en plein air

Dans nos chouettes recettes ? Uniquement des œufs de poules élevées en plein air !

ATTENTION, utilisez les œufs décongelés uniquement pour des gâteaux complètement cuits.

Le jaune → Il peut se conserver au réfrigérateur 24 h GRAND maximum. Battez-le au préalable et ajoutez une cuillère à café d'eau dans le récipient, à filmer ensuite. Vous pouvez également congeler les jaunes. Pensez à les battre avant congélation et à ajouter une pointe de sel ou de sucre pour éviter la coagulation.

Le blanc → Vos blancs d'œufs peuvent se placer au réfrigérateur dans un récipient hermétique maximum 4 jours. Au congélateur, ils peuvent se conserver 4 mois.

Devinette : quel poids de blanc d'œuf dans ce saladier ?
Vous avez la réponse ? BRAVO. Vive vous. Susurrez-la à notre boulangère de quartier au 06 27 38 12 04.

Tout pour **BRILLER** du Trivial Pursuit !!!

LA FARINE

SA DÉFINITION

La farine provient de la mouture de graines de céréales (blé, orge, seigle, soja...).
Partez du principe qu'il s'agit de farine de blé si vous n'avez pas plus de précision ;)

SA FABRICATION

Une fois récolté, le blé est d'abord nettoyé pour éliminer les impuretés et d'éventuels résidus. Il est alors totalement propre et prêt pour la mouture. C'est parti pour une série d'étapes de transformation. Le grain est broyé, trié et réduit en une farine bien fine !

SES RÔLES MAGIQUES

* elle permet l'épaississement d'une recette (grâce à l'amidon) et lui confère donc une tenue, une certaine texture.

* elle provoque la levée de la pâte et l'aération de la mie grâce au réseau de protéines créé par le gluten.

* elle participe au goût des pâtisseries.

Tentez d'autres farines !
Farines de chanvre, de sarrasin, de châtaigne, de pois chiche, d'amande, d'epeautre, de tapioca... et partagez-nous vos recettes !

SA CHOUETTE COMPOSITION

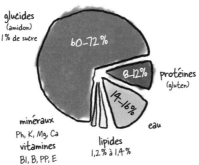

glucides (amidon) 1% de sucre
60-72%
protéines (gluten) 8-12%
14-16% eau
minéraux Ph, K, Mg, Ca vitamines B1, B, PP, E
lipides 1,2% à 1,4%

LES TYPES DE FARINE

Le type de farine se définit en fonction de sa teneur en minéraux calculée sur la matière sèche : on parle du « taux de cendres ». En clair ? Après la mouture, le meunier doit analyser sa farine. Pour cela, il va en brûler 100 g à 900 °C. Il va déterminer ensuite le taux de cendre. Plus le taux est faible, plus la farine est pure (et donc très TRèS blanche). Selon le type de farine obtenu, l'utilisation sera différente.

La farine de blé est composée principalement de glucides (amidon), de protéines (gluten) et d'un chouïa de lipides. La grande particularité du blé ? Être capable de former du gluten. Petit moyen mnémotechnique : le gluten vient du latin glu qui signifie colle. Autrement dit, le gluten est un réseau extensible de protéines qui soudent les ingrédients entre eux, leur permet de lever et de se développer pendant la cuisson.

Type	Teneur en minéraux (taux de cendres)	Utilisation courante
T45	< 0,50 %	viennoiseries, pâtes levées
T55	0,50 % à 0,60 %	pâtisseries
T65	0,62 % à 0,75 %	biscuits, pains
T80	0,75 % à 0,90 %	pains, pâtisseries (farine bise)
T110	1 % à 1,20 %	pains, pâtisseries (farine bise ou semi-complète)
T150	> 1,40 %	pains, pâtisseries (farine intégrale ou complète)

les + fréquents !

LA LEVURE

La levure chimique (ou poudre levante) est un composé inerte (contrairement à la levure de boulanger, qui est vivante). C'est un mélange de 3 agents : un agent basique (le bicarbonate de sodium), un agent acide (acide tartrique) et un agent stabilisant (amidon ou fécule). La levure agit au contact de la chaleur et de l'humidité. Lorsque l'acide contenu dans la levure rencontre

le bicarbonate de sodium ? Du gaz carbonique se dégage immédiatement. L'amidon joue le rôle de stabilisant et empêche les 2 premiers composants actifs de réagir prématurément. Magique ;) Le dégagement de gaz est donc généralement assez faible. Toutefois, il commence avant même d'enfourner et se poursuit pendant la cuisson. Ne perdez pas de temps avant de glisser votre préparation au four. Dans le four, à forte chaleur, le dégagement de gaz s'accélère.

De petites bulles, retenues par le réseau de gluten, se forment. Ces bulles de gaz poussent la pâte. C'est grâce à elles que la pâte gonfle ! Avec la chaleur, le réseau de gluten se solidifie et enferme les bulles de gaz. Et hop ! La pâte est allégée. Le gâteau gonfle et reste gonflé après cuisson. Bien joué !

dégagement de gaz carbonique !

agent basique
agent stabilisant
agent acide

LE BEURRE

SA DÉFINITION

Le beurre est une émulsion d'eau dans de la matière grasse du lait. Concrètement ? Le beurre est obtenu en battant la crème extraite du lait. Pour concocter 1 kg de beurre, il faut 22 litres de lait pile poil de vache. D'ailleurs, le beurre courant est réalisé avec du lait de vache pasteurisé. Il peut aussi être fabriqué avec du lait de chèvre, d'ânesse, de jument, de bufflonne et de chamelle. Si vous testez, envoyez-nous des signaux de fumée ;)

SA CHOUETTE COMPOSITION

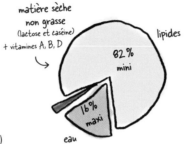

matière sèche non grasse
(lactose et caséine)
+ vitamines A, B, D

lipides

82% mini

16% maxi

eau

SA CONSERVATION

Le beurre se conserve au réfrigérateur entre 0 et 4°C. Attention, il absorbe fortement les odeurs. Conservez-le toujours soigneusement enveloppé dans son emballage ou glissez-le dans un contenant hermétique. Il supporte bien la congélation ;) En moyenne, il se conserve 8 semaines.

SES RÔLES MAGIQUES

❋ **il colore nos préparations** : il donne une magnifique couleur dorée aux pâtes et fait blanchir certaines préparations.

❋ **il relève les saveurs**, adoucit le goût et agit un peu comme un lubrifiant qui facilite la mastication. C'est lui qui donne ce petit goût d'humidité dans la bouche, vous voyez ? C'est pour ça qu'un gâteau qui contient moins de beurre peut sembler plus sec.

❋ **il donne la texture** au gâteau : il apporte du moelleux, de l'onctuosité et du fondant.

❋ **il vous sauve la mise** au moment du démoulage : c'est un agent graissant qui empêche l'adhésion aux moules lors de la cuisson.

❋ **il isole de l'humidité** : il imperméabilise la farine en enrobant les graines d'amidon.

LES TYPES DE BEURRE

Ouvrez l'œil quand vous choisissez votre beurre ! Il en existe différentes sortes. Le conseil de la tribu ? Travaillez toujours avec du beurre à 82% de matières grasses. Évitez les produits de substitution comme la margarine ou le beurre allégé. Vos papilles vous diront merci ;)

> **BON À SAVOIR**
> le beurre fond entre 28 et 35°C

→ À la maison ←

Le beurre cru
concocté à base de crème/lait cru, non pasteurisé, adapté pour les crèmes, sans cuisson.

Le beurre allégé
(41 à 65% de M.G.)

Le demi-sel
(0,5 à 3% de sel) permet de renforcer le goût

L'AOP
Appellation d'origine protégée (le Poitou-Charentes par exemple, parfait pour réaliser les pâtes feuilletées)

ATTENTION, se conserve 1 mois environ

Le beurre fin/extra-fin
concocté avec de la crème pasteurisée, dont max 30% a été surgelée pour le beurre fin (et 0% pour l'extra-fin)

Le demi-beurre
(41% de M.G.)

Chez votre pâtissier préféré

❋ **Le beurre sec, ou beurre de tourage** : contient beaucoup d'acides gras ou saturés (solides), son point de fusion ♥ est élevé (>32°C), idéal pour concocter les pâtes feuilletées par exemple.

❋ **Le beurre gras** : contient beaucoup d'acides gras insaturés (liquides), son point de fusion est bas (entre 30 et 32°C), adapté pour les crèmes.

❋ **Le beurre fractionné** : les acides saturés et insaturés ont été séparés. Objectif ? Modifier le point de fusion et proposer un beurre adapté à son utilisation (feuilletage, viennoiserie, brioche, garniture...).

❋ **Le beurre concentré** : quasiment toute l'eau a été retirée. Sa teneur en matière grasse ? 99,9% minimum. Il se conserve 9 mois.

❋ **Le beurre tracé** : on lui a ajouté du colorant, ou de la vanilline. Il est idéal pour les brioches.

❋ **Le beurre liquide** : il a été clarifié et mélangé à des huiles végétales.

♥ température de fonte

PAR QUELLE MATIÈRE GRASSE LE REMPLACER ?

❋ la margarine (mais vous avez déjà notre avis sur la question ;))

❋ l'huile (attention, elle donne une texture spongieuse, et a tendance à vouloir s'échapper du gâteau)

❋ la crème fraîche

❋ quelques ingrédients auxquels on ne pense pas toujours : la purée d'amandes, les courgettes, les avocats, les bananes, la compote de pommes.

À TESTER !

Tout pour BRILLER
du Trivial Pursuit®

LE SUCRE

SA DÉFINITION

Le saccharose est le sucre que vous utilisez tous les jours dans vos gâteaux ou votre café du matin ;) C'est un produit d'origine naturelle, extrait de la betterave ou de la canne à sucre. Son pouvoir sucrant (indice de comparaison entre des produits sucrés) est de 100, notre valeur référente de base. Il se présente sous forme de petits cristaux incolores et inodores. Pour les plus scientifiques ou les plus curieux, il est constitué d'une molécule de glucose liée à une molécule de fructose.

LES TYPES DE SUCRE

* **Le sucre semoule** : sucre blanc cristallisé, celui que l'on utilise le plus souvent chez soi.
* **Le sucre glace** : sucre blanc cristallisé, broyé très finement, auquel on ajoute un chouïa d'amidon.
* **La vergeoise** : sucre brun ou blond de betterave, après raffinage.
* **Le sucre roux de canne/ la cassonade** : sucre de canne brut cuit (il a donc cristallisé).
* **Le muscovado** : sucre de canne complet, non raffiné. Il est le résultat direct du pressage de la canne (après évaporation de l'eau). Il apporte un goût de pain d'épices à vos pâtisseries et une couleur ambrée.

Chez votre commerçant préféré, vous pouvez les dénicher sous différentes formes : en poudre, en morceaux, en grain, liquide, fondant…

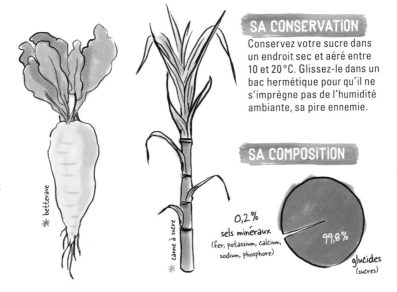

* betterave

* canne à sucre

SA CONSERVATION

Conservez votre sucre dans un endroit sec et aéré entre 10 et 20 °C. Glissez-le dans un bac hermétique pour qu'il ne s'imprègne pas de l'humidité ambiante, sa pire ennemie.

SA COMPOSITION

0,2 % sels minéraux (fer, potassium, calcium, sodium, phosphore)

99,8 % glucides (sucres)

SES RÔLES MAGIQUES

* **il colore nos préparations** : à chaleur élevée, il se colore et se caramélise. Un gâteau brunit grâce à la caramélisation et à la réaction de Maillard (nom technique pour décrire ce qui se produit lorsque le sucre est chauffé en présence de protéines, jetez un œil p. 50 !).

* **il donne du goût** : il sublime les arômes et donne la saveur sucrée. ATTENTION, il adoucit le goût en règle générale mais ne peut pas adoucir une saveur d'amertume.

* **il donne le sourire** : oui, oui, la consommation de sucre libère de la dopamine dans le cerveau. Cette hormone va stimuler la partie du cerveau dédiée au plaisir. BONNE HUMEUR garantie ;) (Psst, entre nous, n'en abusez pas non plus. Comme dirait la grand-mère de Margaux, l'excès en tout est un défaut ♥).

* **il impacte directement la texture du gâteau** : il donne du volume et du croustillant aux préparations, et surtout de la souplesse. Les préparations les moins sucrées sont + fermes. Si vous utilisez du sucre glace, la texture sera encore plus aérienne, légère et moelleuse. Au contraire, la cassonade donne du corps (et du goût), mais moins de légèreté.

* **il joue un rôle clé de fermentation**, dans la préparation d'alcools, pâtes feuilletées levées et brioches.

* **il est hygroscopique** : concrètement ? Il absorbe l'eau, ce qui lui donne un véritable pouvoir de conservation (des fruits par exemple) ; il permet de retenir l'eau des blancs d'œufs et de garantir une mousse souple, humide, qui gonflera mieux à la cuisson et ralentit la perte d'humidité des gâteaux (ils restent moelleux plus longtemps).

Coucou Mamie !

sucre glace

muscovado

vergeoise

cassonade

sucre semoule

les autres
PRODUITS SUCRÉS

LE MIEL

Concocté avec amour par les abeilles à partir du nectar de fleurs.
Ses petits + : il est 100 % naturel, se digère mieux, a un pouvoir sucrant de 130, il apporte des goûts variés selon la fleur ou la plante à partir de laquelle il a été fabriqué, il ralentit la cristallisation des préparations et permet de garder le moelleux plus longtemps.
ATTENTION, il ne doit pas être chauffé au-delà de 40°C, sinon il risque de cristalliser.

BON À SAVOIR
dans une recette non cuite :
200 g de sucre + 40 ml de liquide = 180 ml de miel
À vos calculatrices pour les conversions ;)

L'ASPARTAME

Déconseillé en cuisine. Lors de la cuisson, la molécule de phénylalanine contenue dans cet édulcorant développe un goût amer. Il perd donc son pouvoir sucrant (de 20 000, soit dit en passant. Vous avez bien lu). On nous souffle à l'oreillette qu'il existe désormais de l'aspartame spécial cuisson, mais on reste convaincu qu'il vaut mieux utiliser un peu de sucre de temps en temps que de l'aspartame régulièrement.

LE FRUCTOSE

Sucre d'origine naturelle, que l'on trouve dans les fruits et le miel. Il donne de la couleur et exhausse le goût. Son pouvoir sucrant est compris entre 120 et 150. Si vous l'utilisez, pensez donc bien à adapter vos quantités. ATTENTION, il caramélise beaucoup plus vite que le sucre semoule (à 100°C vs 160°C). Diminuez la t° du four de 20°C et laissez cuire un chouïa plus longtemps.

LE SIROP DE GLUCOSE

Obtenu par hydrolyse♥ de l'amidon de maïs, de blé ou de pomme de terre. Il empêche la cristallisation des préparations et donne encore + de moelleux. Il résiste au dessèchement. Il peut remplacer une partie du sucre (à hauteur de 30 %), mais pas le remplacer totalement. Son pouvoir sucrant est de 50.

LE SUCRE INVERTI

Obtenu par hydrolyse♥ du saccharose. On obtient 50 % de glucose et 50 % de fructose. Il permet d'absorber l'humidité et ne cristallise pas. Il favorise la conservation. Il a un pouvoir sucrant de 120.

LE LACTOSE

Sucre présent dans le lait des mammifères. Il est à utiliser en complément du saccharose et favorise ainsi la coloration, exhausse le goût, évite le dessèchement et apporte beaucoup de moelleux. Il a un pouvoir sucrant de 20.

LES USTENSILES

Les bons ustensiles font les bons pâtissiers ;) Équipez-vous un minimum avant de vous lancer.

FOUET

Le fouet permet de monter les blancs en neige, blanchir les jaunes et le sucre, casser les grumeaux d'un appareil liquide. Le choix du fouet est très TRèS important : plus il comporte de fils, plus il introduira de bulles simultanément dans votre préparation. Notre conseil ? Choisissez un fouet avec le + de fils possible. Ils doivent être fins et souples. On trouve aussi de jolis fouets colorés, enrobés de silicone, résistant à la chaleur. Ce ne sont pas les préférés de la tribu, ils sont moins efficaces pour incorporer de l'air, mais ils protègent l'intérieur des casseroles à revêtement antiadhésif.

CUILLÈRE / SPATULE

La cuillère en bois a l'avantage de ne pas conduire la chaleur et elle ne raye pas les récipients. Avec sa forme bombée, l'incorporation des blancs en neige à un appareil se fait tout en douceur ;) En revanche, elle garde les odeurs des aliments à terme. Elle est plus difficile à nettoyer, et donc moins hygiénique.
La spatule en silicone (ou maryse pour les experts) est plus hygiénique et sa souplesse permet de bien racler les parois des bols. Vous ne laisserez pas une seule lichette de chocolat dans vos récipients ;)

ROBOT OU BATTEUR ÉLECTRIQUE

IN-DIS-PEN-SABLE, surtout pour monter les blancs en neige, laissez de côté votre fouet manuel ;) Le robot mélangeur est vraiment pratique pour la pâtisserie. Il a l'avantage de laisser les mains libres pour faire un hug♥ à qui passera par là ou vous avancer sur les autres étapes de la recette, pendant que les blancs montent en neige ou que votre préparation se mélange. Le batteur électrique est SUPER utile pour mélanger une préparation ou blanchir les jaunes. Ses petits avantages : il est plus économique à l'achat et prend moins de place qu'un gros robot. Certes, il faut un chouïa plus de temps pour monter les blancs, mais vous arriverez exactement au même résultat.

♥ câlin

LE FOUR

LA CUISSON

Lors de la cuisson d'un gâteau au four, la chaleur du four se transmet à la pâte de 3 façons.

Notez sur votre main gauche !
1/ Par rayonnement thermique : la résistance (vous voyez, cette barre qui devient rouge au moment de la cuisson) et les parois chaudes émettent un rayonnement thermique. Le moule aussi peut réfléchir la chaleur selon son matériau et sa couleur.

2/ Par convection : via les mouvements de l'air chaud qui circule dans le four.

3/ Par conduction : grâce au contact direct avec un élément chaud (la plaque par exemple).

LE THERMOSTAT / LES TEMPÉRATURES

Petit pense-bête à encadrer dans votre cuisine ! La température en degrés Celcius est 30 fois celle indiquée en thermostat. FA-CILE !
Th. $6 = 6 \times 30 = 180\,°C$.
Bon, en vrai, cette équivalence fonctionne dans 85 % des cas ;)
Le calcul très TRèS officiel se base sur les degrés Fahrenheit.
On vous le glisse quand même par ici :

$$°C = \{[(°F - 32) \times 5] \div 9\} \div 100$$

Th.	°F	°C	°C arrondi
1	100	37,77	30
2	150	65,55	60
3	200	93,33	90
4	250	121,11	120
5	300	148,88	150
6	350	176,66	180

On est d'accord, x 30, c'est quand même plus simple, non ? ;)

LES DIFFÉRENTS TYPES DE FOUR

Four à gaz vs four électrique : le four à gaz est plus puissant, moins coûteux à l'achat. En revanche, la chaleur est diffusée par le dessous et la cuisson est plus difficile à maîtriser. Attention au fond brûlé ;) La cuisson au four électrique est davantage sous contrôle, et plus fiable et régulière.

Four à convection vs four à chaleur tournante ? Le four à convection est, en général, plus gourmand en électricité. La répartition de la chaleur est en effet moins uniforme, les temps de cuisson sont donc souvent plus longs. Avec un four à chaleur tournante, le ventilateur placé à l'arrière du four permet un brassage constant et uniforme de l'air chaud. Bonne nouvelle ! Les préparations cuisent au moins 25 % plus vite qu'avec un four traditionnel. Le brunissement se fait aussi plus rapidement. Les gâteaux lèvent davantage et leurs surfaces sont encore + dorées et croustillantes. FOU ! Petit bonus : vous pouvez y enfourner plusieurs préparations sans que les odeurs ne se mélangent et en ayant une cuisson uniforme.

Et le four à vapeur ? Moins courant, mais la cuisson est encore plus rapide et les gâteaux sont plus moelleux, un peu comme avec un bain-marie ou dans une cocotte-minute.

LE POSITIONNEMENT DES PRÉPARATIONS

Dans un four à convection, ne placez qu'un seul moule au centre de la grille, et veillez à ce que le dessus du gâteau se trouve au milieu du four. Si vous devez utiliser deux moules à la fois, décalez-les, en prenant soin de les interchanger à mi-cuisson.

Dans un four à chaleur tournante, vous pouvez faire cuire plusieurs gâteaux en même temps, en veillant à ce que les moules ne se touchent pas et en évitant qu'ils soient en contact avec les parois ou la vitre du four. L'air doit circuler librement.

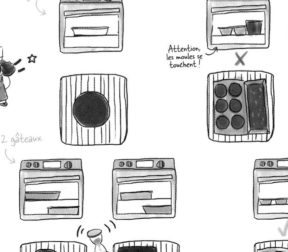

FOUR À CONVECTION

FOUR À CHALEUR TOURNANTE

1 gâteau

Attention, les moules se touchent !

2 gâteaux

interchangez en cours de cuisson !

Vous êtes beaux !

Michel, Augustin et la Fribu vous aiment

LE MOULE

Le moule a un rôle déterminant dans la texture du gâteau. On ne plaisante pas en le choisissant ;)
Son matériau, sa couleur, sa forme, sa dimension vont avoir un impact sur la puissance
de cuisson nécessaire, la hauteur de l'appareil et donc la texture finale du gâteau.
VRAIMENT, la tribu insiste. En pâtisserie, ne laissez RIEN au hasard.

LE MATÉRIAU

Selon le matériau de votre moule, la chaleur se propage différemment pendant la cuisson. Certains moules continuent de cuire le gâteau à la sortie du four grâce à la chaleur emmagasinée. Pas de panique. Il faut alors le démouler rapidement ou, astuce d'Augustin, plonger le moule (pas le gâteau, hein) dans un bain d'eau froide, pour stopper la cuisson.

 Moules en métal pâle ou reluisant : ils réfléchissent la chaleur radiante du four et freinent le brunissement. Les gâteaux mettent donc plus de temps à cuire que dans des moules foncés.

Moules en métal foncé ou noir : ils absorbent la chaleur radiante du four et favorisent un brunissement plus rapide que les moules pâles. Pensez à baisser la température du four de 15°C et à réduire le temps de cuisson de 10 min. Gardez surtout un œil sur votre four en continu ;)

Moules en aluminium jetables : ils sont bien pratiques, on vous l'accorde. Mais la cuisson de vos préparations sera de qualité inférieure et vous devrez prolonger le temps de cuisson. Autre bémol : les parois sont très fines, la cuisson est souvent inégale.

Moules en pyrex : la chaleur radiante du four traverse très TRèS facilement le verre. Le brunissement des préparations est accéléré. Diminuez la température de cuisson de 15°C environ.

Moules en silicone : ils sont souples et antiadhérents. Le démoulage est facilité. Même pas besoin d'ajouter de beurre sur les parois. Trop facile ;) Autre petit + : ils ne se rayent pas, ne s'abîment pas.

En revanche, ATTENTION : avant de verser la pâte, placez votre moule sur une grille pour pouvoir le déplacer facilement sans y toucher. Une chute ou un dérapage sont si vite arrivés ;) Bonne nouvelle : le silicone passe au micro-ondes et résiste à des HAUTES températures (jusqu'à 260°C). Il peut également aller au congélateur (jusqu'à -40°C). Une fois sorti du four, le moule n'a pas emmagasiné de chaleur et le gâteau a moins de tenue que dans un moule en métal. Pour les cuissons, diminuez la température de 10°C ou le temps de cuisson de 5 min.

LA FORME

La forme impacte l'aspect final du gâteau et pas que. En fonction du volume, le temps de cuisson peut varier. Si le moule est étroit et haut, le gâteau demandera une cuisson plus longue qu'avec un moule large et peu profond. Logique ;) Équipez-vous des grands classiques : le moule à cake, à manqué, carré, le cercle à entremets...

MERCI ! L'AVENTURE PÂTISSIÈRE CONTINUE...

467 candidatures supersoniques reçues pour changer de vie et passer votre CAP pâtissier avec nous. C'est BEAU comme vous êtes passionnés. BRAVO aux 7 GRANDS gagnants qui vont se former 1 an à nos côtés ! Et à tous les autres futurs toqués : on ne vous lâche pas. Pour + d'infos : JeRêveDuneToque@micheletaugustin.com

COMMENT ÇA MARCHE ?

Tout ce que vous avez toujours voulu savoir pour comprendre vos recettes !
Pssst, n'oubliez pas de jeter un œil aux INDISPENSABLES pour vous lancer p. 12.

LEXIQUE

♥ **Beurre pommade** : beurre travaillé avec une texture ni trop dure ni trop fondue, comme une crème.

♥ **Blanchir** : fouetter énergiquement des œufs et du sucre jusqu'à ce que le mélange devienne blanc et mousseux.

♥ **Clarifier** : séparer le blanc du jaune de l'œuf.

♥ **Crémer** : rendre mousseux et crémeux le mélange beurre + sucre en le fouettant énergiquement.

♥ **Hydrolyse** : décomposition chimique d'une substance par l'action directe ou indirecte de l'eau, et hop ! De nouvelles molécules aparaissent !

Cet INCROYABLE livre référence a été concocté par la tribu Michel et Augustin et très TRèS largement inspiré par l'ouvrage supersonique de *Victoire Paluel-Marmont*, *Le Gâteau au chocolat*. On vous dit TOUT pages 6-7. Victoire, MERCI d'avoir rendu l'aventure possible.

← Victoire

On remercie également toutes les personnes qui avaient inspiré ce 1er ouvrage ainsi que le nôtre : Hervé This, Julie Andrieu, Pierre Hermé, Stéphane Glacier, Marianne Magnier-Moreno, Trish Deseine, Michel Galloyer, Elle à Table. Sans oublier ceux qui ont sorti les recettes et secrets de grands-mères : Juliette, reine du fondant, Garance et son gâteau au chocolat au lait, Catherine et son tout cru, Aurélie et son moelleux express, Carole, experte du crémeux, Clément et ses petits plats qui aident à tenir le cap, Margaux, nostalgique du cake dense de sa grand-tante, Elsa, la collègue de Morgane (la sœur de Maëla) pour sa recette 100 % végétale, Estelle pour son moelleux classique, Marina pour son incroyable fondant au chocolat d'origine (clin d'œil à nos nouveaux cookies), Dominique et son fondant sans beurre, Carole et Constance avec leur rocher !

MERCiii aux trublions qui ont testé, à un rythme effréné, sur plusieurs semaines, toutes nos tentatives, réussies ou non ;) À ceux qui ont passé des heures derrière les fourneaux, qui ont chamboulé leur recette, changé de moule et réinventé la poudre. À ceux qui ont vérifié les pesées, plongé leur nez dans leur encyclopédie et cherché les coquilles ; d'ailleurs, appelez-nous si vous en trouvez : 06 27 38 12 04 ;) On vous les glisse par ici : www.MichelEtAugustin.com/GateauAuChocolat
Vive VOUS. Vive la vie. Vive le chocolat !

À l'organisation de
ce chouette projet
Maëla Conan, Estelle Leroy-Savignac
avec le soutien d'Augustin et Victoire
Paluel-Marmont et de toute la tribu

Au pinceau,
au concoctage graphique
Maëla Conan avec le
soutien d'Aurélie Juillard

Au téléphone pour
répondre aux demandes
de chasseurs de scoop
Anne-Claire Long au 01 84 01 84 04
et Margaux Dauce au 06 17 21 64 40

À la plume
Margaux Dauce avec le
soutien de Maëla Conan et
Victoire Paluel-Marmont

Au flash
Maëla Conan avec le
soutien d'Aurélie Juillard
et de Delphine Marcoz

TOQUEZ ET BAVARDONS !

Michel et Augustin, la Bananeraie
01 53 28 26 40 • 151, rue de Billancourt
92100 Boulogne-Billancourt.
Ⓜ 9 Billancourt • Grand Paris.
France. Europe. New York.
Monde. UNIVERS ;)

Portes Ouvertes
de nos Bananeraies

micheletaugustin
michelaugustin

www.MichelEtAugustin.com

MARABOUT
s'engage pour l'environnement
en réduisant l'empreinte carbone
de ses livres.
Celle de cet exemplaire est de :
300 g éq. CO2
Rendez-vous sur
www.marabout-durable.fr

PAPIER À BASE DE
FIBRES CERTIFIÉES